「上質な基本」を身につける!

ビジネスマナーの教科書

The textbook of business manners.

Let's master high-quality foundations of the way of work and communication.

美月あきこ with CA-STYLE

はじめに

> お客様を自分の家にお招きしたつもりで接しなさい。
> そうすればお客様に心から寛いでいただける方法を自分で見いだせます。

　これは私がキャビンアテンダント（CA）になりたての頃、毎日の訓練の中で繰り返し教えられたことのひとつです。
　もし、あなたなら大切なお客様をお招きする際、何をしますか。
　私なら、お客様の導線に合わせて設《しつら》えを整えたり、お好きな色のお花をグラスに一輪差してさりげなく飾ってみたり、トイレットペーパーのギザギザの切れ端を綺麗に整えたり、お座りになるイスの裏側に汚れやゴミがついていないか、またそこから見える絵は曲がっていないか、埃をかぶっていないか、自分の身だしなみも整え、その方の雰囲気や季節に合わせた茶器を選ぶ……など、お相手の顔を思い浮かべ想像力をフル稼働させながら準備します。
　これらは決まりに則って行っているのではありません。相手に思いを遣りながら、「あれも、これも」と起こりうる状況を想像し準備しているのです。

　社会一般には個性の発揮に重点を置く傾向が見られます。しかしその一方で、それに逆行するかのように平等・標準化・規格化の名のもと、均一化への流れも否めません。教育のためのマニュアルや研修がそれにあてはまります。働く人は、この相反する流れの中で上手にバランスを取りながら進んでいく必要が出てきます。

　そのため、
　①五感を研ぎ澄まし、相手に思いを遣る
　②最適を知識の中から選択する
　③自分のフィルターを通して行動する

　以上のプロセスが大切です。

このたび、本書のコンセプトを「上質な基本」としました。あなたは、「上質」という言葉から何を連想されますか。ゴージャスでラグジュアリーなセレブリティの振る舞いを連想される方もいらっしゃるかもしれません。

しかし、私が考える「上質」とは、相手に思いを遣り、自分のフィルターに通しながら相手との空間に温かみを醸成させることを指しています。そうです、「感性」の部分に上質が宿るものだと確信しています。

ビジネスマナーはお仕事を円滑に進めていく基本マナーです。ただ、機械的に実践されるビジネスマナーと、相手に思いを遣りながらの「上質なビジネスマナー」とでは、似て非なるもの。スタートラインは同じでも、半年、１年、３年後、継続することであなたの周りが大きく変化しているはずです。

なぜなら、「複利の力」が作用するからです。毎日の１％の思い遣りが、20日で22％向上し、１年で11倍近くになるという大きな力です。

そうなると、高度１万メートル上空の機内で、かつての私たちがそうだったように、さまざまな年齢層の方、普段お目にかかれないようなステータスの異なる方、異業種の方とも臆することなく握手ができるようになります。最高の人間関係を構築できるようになると、応援者が１人２人と増えていきます。応援者からのサポートや助言は、働く上でのストレスやフラストレーションなどの強い向かい風も、いともたやすく追い風へと変えることができます、それが「上質なビジネスマナー」の力です。

本書は新入社員の方はもとより、社会の第一線でご活躍の方にも気軽にページをめくっていただけるよう、平易に、また身近な例を挙げてまとめました。もっとよい仕事がしたい、相手にもっと喜んでもらいたい、そして最高の人間関係を築きたいと願うあなたにこの本を捧げます。

この本があなたの人生を「上質」にする一助になることを念じてやみません。

2012．3　美月あきこ

Chapter 1 身だしなみ・立ち居振る舞いのマナー

Chapter 2 社内業務のマナー

Chapter 4 言葉づかいのマナー

Chapter 5 ビジネス文書の基礎知識とマナー

Chapter 6 接待・食事のマナー

Chapter 7 冠婚葬祭の基礎知識とマナー

14:05

本書のつかい方

上質な基本マナーをご紹介！

❶ まず最初にCheck Point!

各節で紹介するテーマごとに、具体的なチェックポイントを3～5つ示しました。あなたが今できているかの確認や、重要点を押さえるためにお役立てください。

❷ 図解でビジュアルにわかる！

イラストやフローチャートなどを豊富に掲載し、上質なマナーのポイントを「見える化」しました。

❸ ワンランク上のCA-STYLE流 +1

マナーのエキスパートである元国際線CAの著者が、CA時代のエピソードも交えてワンランク上のマナーを紹介します。

プレゼント動画のご案内

本書の内容からピックアップしたおすすめマナーを、著者の先生が教えるショートレッスン動画を、人数限定（申込先着順）でプレゼントします！

[申込方法]

❶著者・美月あきこ先生のフェイスブックページへアクセスします。
URL：http://www.facebook.com/Akiko.Mizuki
❷「いいね」をクリックした後、本書の「ご購入者プレゼント！」のバナーをクリックします。
❸申込フォームにお名前・メールアドレスを入力し、送信します。
❹折り返し、プレゼントページへのURLが書いてあるメールが届きます。
❺URLにアクセスした後、そのページのご案内に従ってログインすると、動画が見られます。

※申込方法などは変更になる場合があります。上記URLでのご案内に従ってください。

1

身だしなみ・
立ち居振る舞いのマナー

1

身だしなみの基本

男性編① スーツ姿

身だしなみとおしゃれは違います！

Check Point !

- □ スーツのほこりやフケをこまめにチェックし、清潔感を保っている
- □ 靴を毎日磨き、汚れをチェックしている
- □ 下着にも気を配っている

身だしなみとは何か

「身だしなみ」は相手に不快な印象を与えないように気を配るのに対し、「おしゃれ」は自分自身のためにするもの。社会人として信頼されるには、相手に気を配った身だしなみをすることが大切です。

身だしなみは、清潔感があることが最も重要視されます。

会社によって、ドレスコード（服装に関するルール）はさまざま。明文化されていない場合もありますので、上司や先輩に確認したほうがいいでしょう。

CA-STYLE流 +1

高価なものより、サイズの合ったスーツを

男性のスーツ姿で残念に思うのは、袖の長さが短すぎたり、丈が大きすぎたりと、体型にきちんとフィットしていないスーツを着ている方がいらっしゃることです。

どんな高級ブランドのスーツでも、サイズがちぐはぐだと、かえってあなたの評価を下げてしまいます。もらい物やセカンドハンドのスーツは使用を避けたほうが無難です。

男性のスーツスタイル

スーツ

・2つボタン、または3つボタンのシングルスーツ。
・一番下のボタンは外しておく。デザインによるが、ほかのボタンは留めるのが基本。
・色は濃紺か濃いグレーが無難。

× ・ダブルのスーツは、威張って見えてしまうことがあるので、控えたほうが無難。

× ・明るい色や薄い色、茶やベージュも新人は着用しないほうが無難。

靴

・ひも付きの黒い革靴。
・つま先が自然なカーブのもの。

× ・スニーカーやエナメルの靴。

下着（シャツ）

・基本は白の無地。
・透けない素材のものか、袖のないタイプ。

× ・派手な色。

Yシャツ

・白、淡い色、シンプルなストライプのもの。
・「クールビズ用」のYシャツは、着て行ってよいかどうか確認を。

× ・チェック柄・派手な色。

Yシャツの襟（カラー）

・レギュラーカラー、ワイドスプレッドカラー。

× ・ボタンダウン（カジュアルな印象のため）。

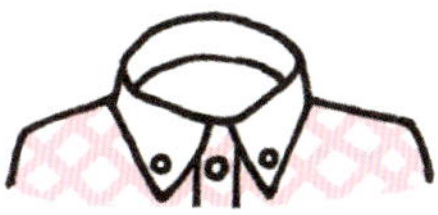

靴下

・ズボンの色と同系色のもの。

× ・白、華美なもの。

身だしなみの基本

男性編② トータル・コーディネート

トータル・コーディネートに気を配ってこそ、一流のビジネスマン

Check Point !

- □ スーツの襟の形などに合わせて、ネクタイの結び方を変える
- □ ネクタイはスーツとのコーディネートを考えて買っている
- □ 誰に見られても恥ずかしくない時計・名刺入れ・財布を持っている

ネクタイの重要性

ネクタイはスーツのVゾーンを彩る大切なアイテム。人の目が一番集中するアクセントになるものです。シャツの襟の開きとネクタイの太さ・結び方にも気を配りましょう。

POINT 1
左右対称で曲がっていない。

POINT 2
形のよい逆三角形のノット（結び目）ができている。

POINT 3
結び目の中央に、ディンプル（えくぼのようなくぼみ）ができている。

プレーンノット
一般的にラペル（スーツの襟の部分）が狭い時に適している。

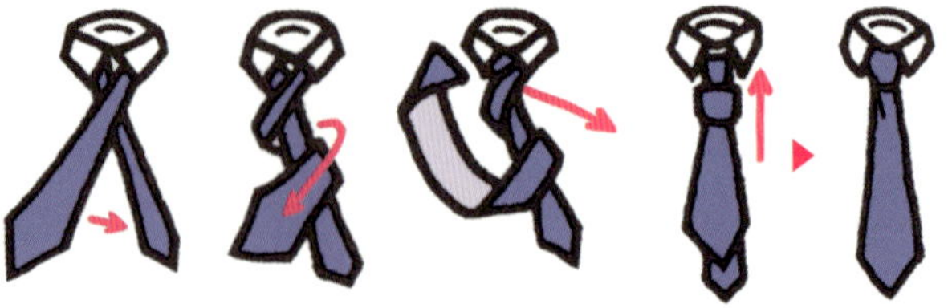

セミ・ウインザーノット
ラペルが広い時に適している。

小物類にも気を配ってこそ一流のビジネスマン

ネクタイの選び方――おすすめ柄3タイプ

①**無地**…基本中の基本で、流行に左右されない。濃紺・エンジが合わせやすい。
②**ストライプ**…若々しく、すっきりとした印象。
③**小紋タイプ**…単色の小さな水玉や小紋は、上品な印象。

かばん

・ベルトや靴の色と統一するとよい。
・サイズはA4サイズの書類が入るものを選ぶ。
・底にマチがあるものがよい（置いた時に倒れない程度）。

時計

・革かメタルのシンプルなものがGOOD。
✕高価なブランド品やゴールドや華美な色のものは避ける。
✕携帯電話を時計代わりにしない。

名刺入れ

・名刺入れは名刺の座布団。
・革製の落ち着いた色合いのものがGOOD。
・厚みは業種によるが、20枚程度入れば十分。
・枚数が足りない場合はかばんに予備を忍ばせておく。
✕上に乗せた時に名刺が滑り落ちてしまうメタリックなものはNG。

財布

・基本的には長財布は上着の内ポケット・二つ折りはズボンの後ろポケットに入れる。
・スーツのシルエットを崩さず、スムーズに出し入れできる長財布がおすすめ。
・名刺入れ同様、革製で落ち着いた色合いがGOOD。

コート

・ステンカラーコートが定番。デザインがシンプルで誰にでも似合い、バリエーションも多い。
・トレンチコートは元が戦闘服だったこともあり、スポーツマンタイプの人におすすめ。

男性の身だしなみ7つ道具

（かばんや会社のロッカーに置いておき、身だしなみの乱れをすぐに直せるようにしておく）

身だしなみの基本

男性編③ ボディーケア・フェイスケア

自分では気がつきづらい 体臭・口臭も要チェック！

Check Point！

- □ 自分に体臭があるか、気安い人に聞いてみる
- □ 1日に2回以上、汗のにおいや口臭をチェックする
- □ ひげは毎日剃る

意外と気がつかない自分のにおい

相手に気を配った身だしなみのためには、顔や体のチェックもマナーのうちです。顔や髪、指先といった「見た目」のことは鏡を見るなどしてセルフチェックできる部分が多いのですが、自分の発するにおいには意外と気がつかないものです。

量が増える夏場の汗はもちろん、冬に少量かく汗や緊張でかく汗のにおいにも注意が必要です。こまめにチェックするようにしましょう。

CHECK 1 汗のにおい

- □ こまめに汗を拭く
- □ 夕方に再度確認する
- □ 無香料またはシトラス系の制汗シートをつかう

体臭はワキや首筋など、汗腺の多いところからにおう。

CHECK 2 足のにおい

- □ コットンの靴下を履く
- □ 消臭スプレーをつかう
- □ 消臭効果のある中敷を敷く

CHECK3　口臭

- □ 歯磨きの時、歯間ブラシや舌磨きもつかう
- □ 可能な限り昼食後も磨く
- □ オーラルケアのタブレットをつかう
- □ タバコのにおいも要注意

CHECK4　ヘアスタイル

- □ 自然な色
- □ 整髪料は寝癖を直す程度につかい、香りの強いものは避ける
- □ 長髪はＮＧ。襟あし・耳・目に髪がかからないように注意
- □ 極端な短髪は怖い印象を与えることがあるため NG
- □ 不必要に髪を立たせない
- □ もみあげは耳の３分の２より上まで

CHECK5　ひげ・鼻毛

ひげは自分を強く見せ、相手を威嚇するとも言われる。

- □ 無精ひげはもちろん、おしゃれひげも怖い印象を与えることがあるため NG
- □ 鼻毛・耳毛も鏡でチェック
- □ 眉毛の長い部分はカットし、眉間の眉毛は剃る
- □ 眼鏡のレンズ・フレームをきれいに保つ

CHECK6　爪

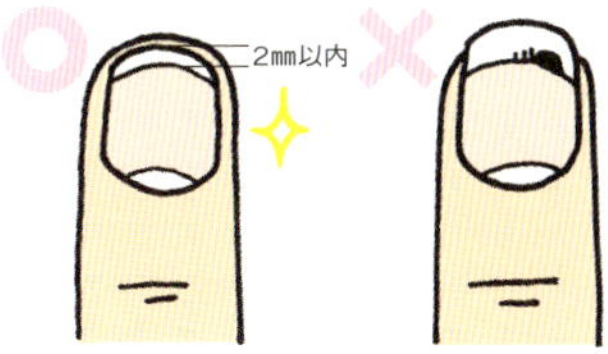

男性の爪は清潔感のバロメーター。

- □ 爪は短く清潔に保つ
- □ 爪の先の白い部分は 2㎜以内
- □ 爪の間の汚れやゴミに注意

CA-STYLE流 +1

こもる悪臭。クレーム注意

自分の発している汗のにおいは、慣れ切ってしまうからか、気がつきづらいものです。特にネクタイを締めていると通気性が悪くなり、私服の時よりも汗をかきやすいので一層の注意が必要です。

香水は好みが分かれるので、つけないほうが無難でしょう。

旅客機の機内でも、隣に座った人のにおいに耐えかねて座席移動を希望される方が多いのです。それだけ「におい」に対しては、人は敏感に反応します。家族など親しい人に、自分のにおいは大丈夫か、一度確認してみてはいかがでしょうか。

身だしなみの基本
女性編① スーツ姿

マナーを身にまとっていますか？

Check Point !
- □ スーツに汚れやシワがないように気を配る
- □ 靴を毎日磨く
- □ 替えのストッキングを持ち歩く

女性の仕事服選び

女性にとって、毎日の服選びは男性のスーツのような固定的なルールがなく、スカート・パンツスーツ・ジャケットなど、コーディネートの幅が広くて悩んでしまうのではないでしょうか。女性も男性同様、相手に不快感を与えない清潔感のある服装をすることが重要です。

職場によって基準が違うため、迷った時は先輩を見習うとよいでしょう。

CA-STYLE流 +1

靴は心の鏡

CA時代、仕事が始まる前には、ほぼ毎回、上司に「靴はきれいに磨かれていますか？心の鏡ですよ！」と、言われてきました。

そのように言われても、そこまで自覚がなかった私は、ためしにお客様の靴をチェックして回りました。すると、ステイタスの高い方ほど、靴は必ずピカピカに磨かれ、手入れが行き届いていることが、一見して見てとれたのです。

それ以来、私も靴をピカピカに磨く習慣がつき、足元美人になれたと思っています。

靴を磨くだけでなく、磨り減ったかかとも、意外に盲点になりますので気をつけましょう。

女性のスーツスタイル

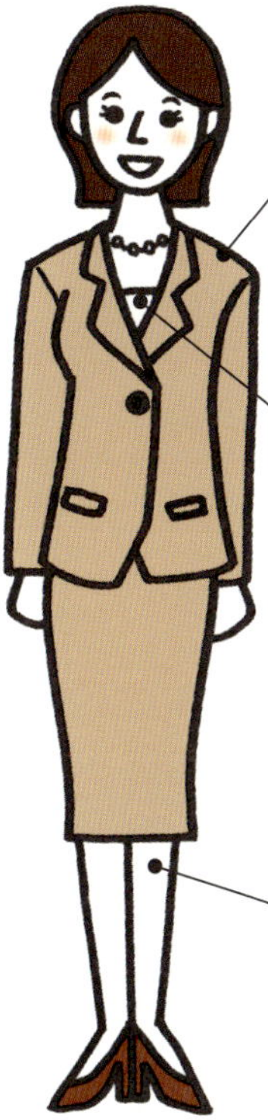

スーツ

・紺・ベージュ、チャコールグレー。
・こげ茶など控えめな色。

×派手な色、華美な装飾のもの。
・短すぎるスカート。
・スリムすぎるパンツ。

POINT
パンツスーツより、スカートのほうがフォーマル。

インナー

・シャツ、ブラウス、カットソーなど。
・色は白系を基調にしたもの。

×ローライズのスカートやパンツから背中や下着が見える。
・露出が高いもの。かがんだ時の胸元の開き具合や下着が透けないかもチェック。

ストッキング

・自然な肌色のもの。

×カラータイツ、網タイツ、ラメ入りのもの。

靴

ミドルヒール

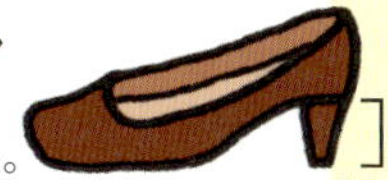

・動きやすい。
×合わせかたによってスマートさに欠ける。

VS

ハイヒール

・足がきれいに見える。
×足に負担がかかる。

・基本はかかとのある黒のパンプス。
・履きやすさも大切だが、全体のバランスを考えて、よりスタイリッシュに見える靴を選ぶのも女性としては大切なポイント。一流のレストランや高級ホテル・旅館などでは、靴で人を判断すると言われるぐらい、靴は大切なアイテム。
×ミュールやサンダルなど、素足で履く靴は、ビジネスの場では避ける。
・ブーツはカジュアルな印象を与えるので、通勤時は履いても出社したら履き替えるなど、先輩に確認してから履くこと。
・つま先の開いた靴も会社によってはＮＧ。

POINT
・一日の終わりに靴を簡単に拭く習慣を身につけ、いつもきれいに磨かれた靴を履くようにする。
・劣化を抑えるために、同じものを連続して履くことがないよう、３足程度は用意する。

身だしなみの基本

女性編② トータル・コーディネート

5

派手・華美なものは避け、清楚なイメージで

Check Point !

- □ アクセサリーはビジネス用とプライベート用を区別する
- □ 派手な私物は身につけない
- □ 誰に見られても恥ずかしくない時計・名刺入れ・財布を持っている自信がある

ビジネスシーンとプライベートの違い、わかりますか？

プライベート用に購入した派手なアクセサリーや小物類を、会社で身につけるのはＮＧです。基本的に、プライベート用とビジネス用は別と考えましょう。

業種や職種、また、会社によってもドレスコードや美容基準は多少異なります。先輩の女性をよく観察してみましょう。また、先輩はＯＫでも新人はＮＧというケースもありますので、率直に先輩の意見を聞いてみることをおすすめします。

アクセサリーの基本マナー

イヤリング・ピアス
・揺れない小さなもの。金やパールが無難。
✕・派手なもの・大きすぎるものはNG。

指輪
・結婚指輪などを含め2つ程度まで。
✕・人や備品に傷をつけてしまいそうなデザイン。
・目を奪われるような大きな石のもの、派手なものはNG。

ネックレス・ブレスレット
・ネックレスはペンダントトップの小さなもの。
✕・ブレスレットは控えたほうが無難。　・光りすぎるもの、音が出るものは控える。

小物類の基本マナー

かばん

・高級ブランドのかばんは避け、機能性を重視したものを選ぶとよい。
・生地は革やナイロン製。キャンパス地はカジュアルすぎるので避けたほうが無難。
・サイズはA4サイズの書類が入るもの。
・収納するポケットがたくさんついていて、マチのあるものがつかいやすい。

小さなポーチやバッグインバッグなどを活用して、中が乱雑にならない工夫を。

時計

・女性の場合は比較的自由だが、男性同様に革かメタルのシンプルなものがGood。服装に合わせてコーディネートするとよい。
・高価なブランド品やゴールドや華美な色のものは避ける。
・ブレスレットタイプなど腕にフィットしないものはNG。
・携帯電話を時計代わりにしない。

名刺入れ

・女性の場合、名刺入れのカラーは比較的自由だが、革製の落ち着いた色合いのものがよい。
・名刺が20枚程度入るもの。それでは足りない場合は、かばんに予備の名刺を入れておく。
・通勤パスなどと兼用するのはNG。専用の名刺入れを用意すること。
・名刺を上に乗せた時に滑り落ちてしまうメタリックなものや、名刺を乗せづらい飾りのついたものは避ける。

コート

・ステンカラーのコートが定番。
・色はスーツに準じた色がGood。
・ショールやストールがあると、体温調整に役立つ。

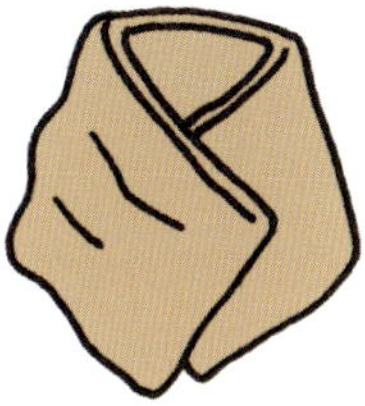

財布

・派手なデザインはNG。

ハンカチ

・アイロンがけをした清潔なものを携帯する。
・タオル地のものもよい。

女子力を上げる小物たち

・ソーイングセット
・傘
・ヘアピン
・整髪料
・爪切り
・生理用品
・ハンカチ
・ポケットティッシュ
・携帯の充電池
・スケジュール帳
・筆記用具
・制汗スプレー
・消臭グッズ
・常備薬など

すべて持ち歩かなくても、デスクやロッカーなどすぐに取り出せる場所にあるとよい。

6

身だしなみの基本

女性編③ メイク、フェイス&ボディー・ケア

普段からの自分磨きで女子力アップ！

Check Point !

- □ ナチュラルメイクのポイントを知っておく
- □ メイクは必ず落としてから寝る
- □ 指先にも気を配る
- □ 自分の体臭について確認したことがある
- □ 前髪が顔にかかりすぎない

メイクをすることも礼儀のひとつ

ビジネスの場ではメイクは必須です。ナチュラルメイクというのは何もしないのではなく、自然に見えるように手を加えること。濃すぎるメイクも、ノーメイク同様にＮＧです。ポイントは、あなたを信頼できると思わせる自信に満ち溢れた印象に仕上げること。知的で洗練された美しさを演出しましょう。

ナチュラルメイクの基本

目
- 自分に合った爽やかな淡い色のアイシャドー。
- アイラインは自まつげの生え際に細く入れる程度に。
- マスカラ・アイラインともに黒。

肌
- パール感の強いファンデーションや白浮きするハイライトはNG。

唇
- 濃すぎる色は避け、顔色が明るく見える色を選ぶ。
- グロスをつかう際は単品でつかうのではなく、口紅の上に重ねづけをする。

眉
- きちんとブラシで整える。
- 足りない部分を描く程度にする。

チーク
- 明るく元気に見える淡い色をつかう。
- 頬骨を意識する（位置を変えると印象が変わる）。

×派手すぎる色、不自然なつけまつげ。
- 化粧直しは化粧室で。
- カラーコンタクトは控える。

フェイス&ボディー・ケアの注意ポイント

POINT 1 スキンケア

どんなに高級な化粧品をつかっても、その基礎となる素肌が荒れていると、お化粧ののりも悪く、厚ぼったい印象になってしまうもの。

・どんなに疲れている時でも、必ずメイクを落としてから休むよう心がける。
・紫外線はシミやシワの原因になるので、日焼け止めを塗る習慣をつける。

POINT 2 ネイル

ネイルアートなど派手なものは避け、無地や淡いピンク系、肌色系のおとなしいものにすること。指先が清楚で女らしい印象になる。

・職場によっては、ラメやパールや色つきのマニキュアを禁止しているところがある。色つきのものをつける場合には、職場の先輩女性たちの指をよく観察してから。
・自分の席でマニキュアを塗り直したりするのはもちろんNG。
・仕事の内容によっては、マニキュアを塗らないほうがよい場合もある（食品を扱うとき、傷がつきやすい商品を取り扱うときなど）。
・爪の長さは、仕事に支障が出ないよう、短めがよい。
・指先はきちんと手入れをし、気にかけているだけで美しく見えるもの（ハンドクリームをこまめに塗る・甘皮の手入れをするなど）。

POINT 3 香水・フレグランス

好みがあるので使用しないほうが無難。

・体臭が気になる場合は制汗スプレーをつかうとよい。

ヘアスタイルの注意ポイント

POINT 1 髪型・髪の色

大前提は、清潔感があること。特に前髪は顔にかからないようすっきりとまとめるか、ヘアスプレーなどで固めるとよい。

・髪の長い人はアップにしたり後ろで束ねると清潔感が増す。
・長さに関わらず、くし目を通す。
・髪の色は自然な色が理想的。

POINT 2 髪飾り

華美な色、大きすぎるものは控えること。

7

仕事着のメンテナンス

毎日のケアでスーツ・シャツを長持ちさせる

Check Point !

- □ 家に帰った後、必ずスーツにブラッシングをする
- □ ワイシャツのアイロンがけの手順がわかる
- □ スーツも靴も同じものを連続して使用せず、必ずローテーションをして休ませる

帰宅した後、スーツのケアをしていますか？

仕事でつかう衣服や小物類は、メンテナンスしだいで長くつかえます。スーツの場合、長持ちさせる第一歩は、ブラッシングです。１日２～３分のブラッシングの習慣を作ることで、スーツをきれいな状態で長くつかえるのです。

▪スーツのお手入れと保管

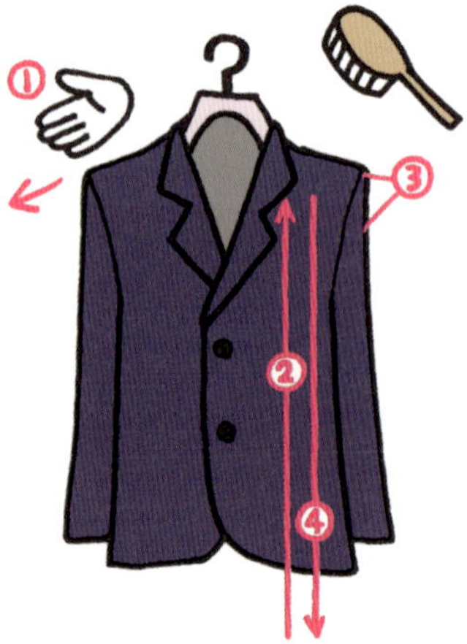

帰宅後のスーツのお手入れ

ブタ毛のブラシ（化繊のブラシでも可）を使用する。
①スーツ全体をぱたぱたと手ではたく。
②ハンガーにかけ、布目に沿って下から上にブラッシングする。
③袖付け部分など細かい溝にはホコリがたまりやすいので念入りに行う。
④浮き出てきたホコリを上から下にブラッシングをして落とす。

スーツを保管するポイント

POINT1　型崩れ防止のため、ポケットの中の物を取り出す。
POINT2　肉厚の木製ハンガーにかける。
POINT3　パンツはクリップ付きのハンガーに裾を上にして吊るす。
POINT4　通気性のいい場所に置く。

ワイシャツのアイロンがけ

霧吹きでワイシャツ全体を湿らせておく。
小さいパーツから順番にアイロンをかけるのがコツ。

STEP1 襟にアイロンをかける

・まず、襟からかける（背のタグがある面）。
・端から中央に向けてアイロンを滑らせる。

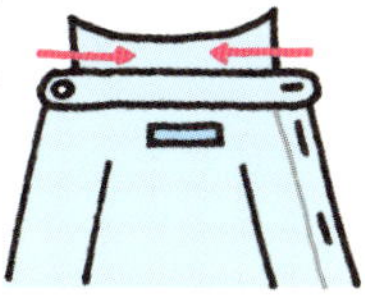

STEP2 袖口にアイロンをかける

・手前に袖口を並べて裏側からアイロンをかけていく。
・ボタンの周りは丁寧に。

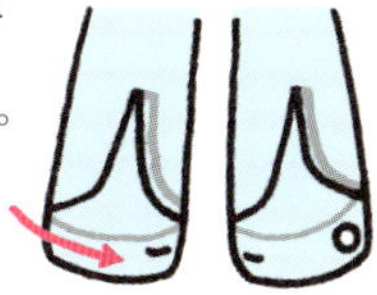

STEP3 袖にアイロンをかける

・縫いしろの部分を両手でひっぱり、手でシワを伸ばす。
・袖口側から肩のほうへアイロンをかける。
・下になっていた面にシワがないか確認。

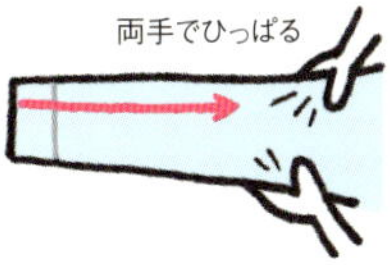

STEP4 肩にアイロンをかける

・裏から肩の部分にアイロンを入れながらかける。
・両肩が終わったら、中心をかける。

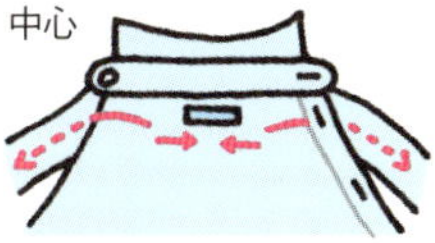

STEP5 シャツの前面にアイロンをかける

・両脇から中心に向かってかける。
・ボタン周りはアイロンの先をつかう。
・ポケットは下から上に。

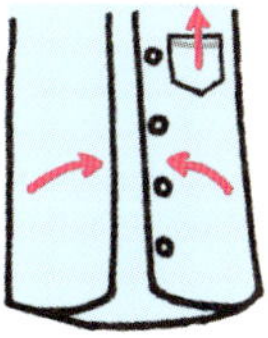

STEP6 シャツの背面にアイロンをかける

・肩から腹部に向けてかける。

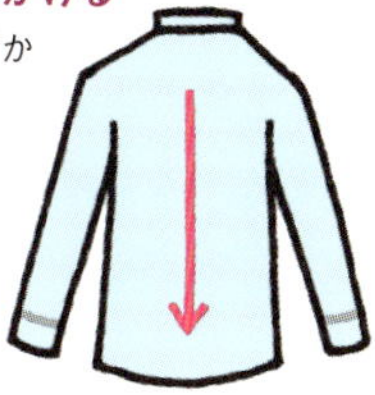

靴のお手入れ

靴はスーツと同じように、一日履いたらブラッシングまたは布ぶきする習慣を。

・靴の汚れを落としたら、新聞紙を丸めて靴の中に入れ、日当たりのよい場所に置く。
・週に一度は靴クリームをつけて布で磨く。
・シューズキーパーをつかうことで、型崩れを防ぐことができる。

POINT 雨に濡れた靴は、特に念入りにケアをすることが必要。

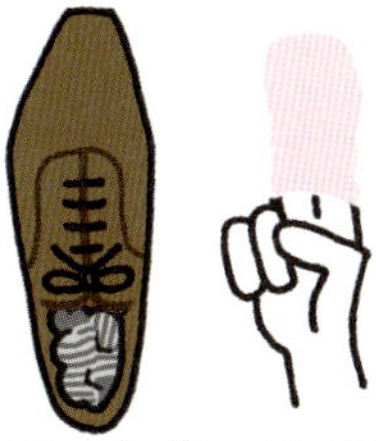
布を図のように持ち、素早く磨く。

8 身だしなみを保つコツと応急処置

身だしなみが乱れるトラブルには用意周到な対策を！

Check Point !

- □ くし・手鏡を持ち歩く
- □ 口紅を携帯する（女性）
- □ ソーイングセットを用意しておく
- □ 折りたたみの傘を持つ
- □ ハンカチ・ティッシュを持つ

「用意周到」にトラブル対策

仕事をしているなかで、身だしなみが乱れるトラブルはよく起こります。そのような時に、慌てず対応ができる人は素敵です。ここでは、日常、起こりがちなトラブルとその予防法、最低限の応急処置をご紹介します。

トラブルに備えて用意しておくグッズ

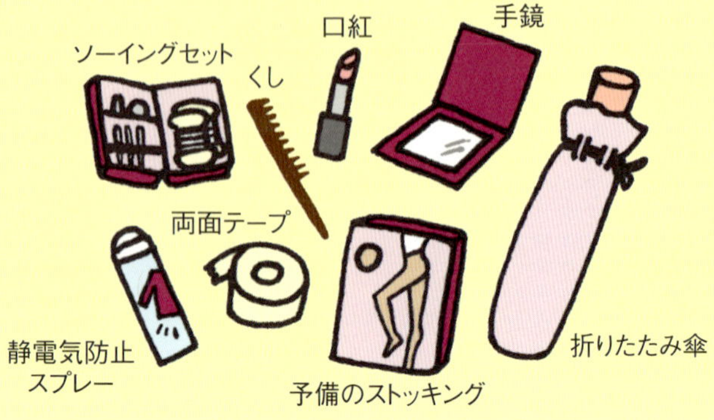

よく起こるトラブルとその予防法、対処法

CASE 1　外出時によく起こるトラブル

・雨でスーツや靴が濡れる……折りたたみの傘を持つ習慣をつける。
・泥がはねてスーツが汚れる……下記、シミの応急処置を参照。
・風で髪が乱れる……手鏡・くしを持ち歩く。

CASE 2　食事の際によく起こるトラブル

・料理の油が衣服に飛び散る……下記、シミの応急処置を参照。
・口紅がはがれる……食後には必ず化粧室に行き、口紅を塗り直す。
✕席に座ったままでの化粧直しはＮＧ。

CASE 3　混雑した電車内などでよく起こるトラブル

・周りの女性の口紅やメイクが衣服につく……下記、シミの応急処置を参照。
・ストッキングが伝線する……必ず予備のストッキングを持ち歩く。

CASE 4　その他のよく起こるトラブル

・裾がほつれる……両面テープで応急処置をし、落ち着いたら縫う。
（ソーイングセットを用意しておく）
・静電気のトラブル……静電気防止スプレーや専用グッズを用意。

原因別 シミの応急処置

CASE 1　泥ハネ

・すぐに触らず、乾燥してから硬いブラシで生地の目に沿ってこすり落とす。

CASE 2　水溶性のシミの場合（しょうゆ・コーヒーなど）

・シミを軽くしめらせ、ハンカチやティッシュを生地の裏に当てて表からトントンと軽くたたく。

CASE 3　油性のシミの場合（口紅・トマトソースなど）

①水で濡らさないようにして、ハンカチやティッシュで汚れをつまみ取る（決してこすらないこと）。
②シミの裏側にティッシュを当てる。
③せっけん水をしみこませたハンカチなどを固く絞り、シミをたたいて裏側のティッシュに吸い取らせる。

POINT　応急処置をしたからと安心しないで、帰宅したら必ず本格的なシミ取りをする。

油性のシミは水で濡らさないように、せっけん水をつけて固く絞ったハンカチでたたくようにして、落とす。

9

美しい立ち方と歩き方

凛とした立ち姿で信頼感アップ！

Check Point !

- □ 人から姿勢がいいと言われる
- □ 歩き姿に気をつけている
- □ 靴のかかとが左右均等に磨り減る

立ち居振る舞いの基本は凛とした立ち姿

立ち姿が凛としていると、やる気があり、きちんとしているという印象が相手に伝わります。反対に猫背だと自信がなさそうに見えたり、暗い印象を与えかねません。毎日意識をすることで姿勢は確実によくなります。ぜひ今日から始めて、正しい姿勢を身につけましょう。

・美しい立ち方

男性

・手はズボンの縫い目に人差し指（猫背気味の人は親指）を沿わせるように下ろす。
・かかとはつけ、つま先を60度まで開く。

・①丹田（おへその下）に力を入れ、②百会（つむじ）から上に引っ張られている状態をイメージし、③天使の羽（肩甲骨）を5ミリずつ引き寄せる。
・仕上げは笑顔。顔は目の高さよりもやや上を見ることで自信や信頼感といったメッセージを与えられる。
※つま先立ちをして、ストンと着地した瞬間の姿勢が最もよい姿勢と言われる。

女性

・体の前で手を組む際には右手が下になるように組む。
・前で組んだ手を少し上にあげる（丹田あたり）と、ウエストラインに隙間ができて、シャープなイメージに。
・かかとはつけ、つま先は30度を目安に開く。

壁立ちで立ち方をチェック

STEP 1 かかとを壁につけて、まっすぐ立つ

STEP 2 後頭部・肩・お尻・ふくらはぎ・かかとが均等な力で壁についているか、チェック（腰の後ろに手のひらがちょうど入る程度の隙間ができる）

STEP 3 そのまま数歩前に出て、姿勢をキープ。ほかの人に見てもらい（または鏡で見て）、
- 横から見て、①耳②肩③腰骨④くるぶしがまっすぐな1本の線になっているかチェック
- 前から見て、肩のラインと腰骨のラインが床に水平かどうかもチェック（バッグなどの持ち癖で肩や腰のラインがずれていることが多いため）

美しい歩き方

- 目線の高さよりやや上の前方を見る（アゴは上げない）。
- 背筋をのばし、お腹に力を入れる。
- 腕は自然に振る。
- 足は腰から蹴るイメージで一本の直線を挟んで左右の足をまっすぐ前に出す。
- リズムを取りながら歩くと、自然に最初の一歩が出やすい。

- かかとの高さがない靴の場合は、かかとから着地。
- ハイヒールの場合は、かかととつま先を同時に着地させるのが理想的（膝が曲がってしまう人は、慣れるまで、かかとから着地）。

美しく歩くには、まず自分の足に合った靴選びが重要。合わない靴を履いていると、足が痛くなったり足の指をつかわずに歩くことになり、美しく歩けない。

□ CHECK POINT
- 左右の靴のかかとの減り具合に差がある人は、重心がずれているので、歩き方を見直して。
- 頭の上に本をのせ、落とさないように歩いてみる。

10

座り方・入退室の基本

座り姿が
仕事のやる気の
度合いを表す！

Check Point !

- □ 背もたれに寄りかからずイスに座る
- □ イスの座り方・立ち方を知っている
- □ 入室・退室がスムーズにできる

正しい座り方はメリット大

座る姿の良し悪しが仕事に対する取り組み姿勢を印象づけます。また、正しい姿勢で座ると、作業効率がアップし、腰痛防止にもつながり疲れにくくなります。

立ち方と同様に日々意識をしてきちんと座る習慣を身につけましょう。

美しい腰かけ方

美しい振る舞いにはムダがありません。
ミニマムな動きが美しい振る舞いにつながります。

1 イスの左に立つ
2 左足を前に1歩出す
3 右足を右斜め前に出す
4 左足を右足につける（イスの前に立つ）
5 利き足を一歩引く
6 利き足側の肩越しにイスを確認し
7 （女性の場合）スカートを整えながら
8 座面の2／3の位置に腰掛ける
9 その後、静かに利き足を揃える

※イスの左側に立てないときは、右側に立ち、足運びを逆にする
※立ち上がる際はこの逆となる

正しい座り姿

POINT 1 **背筋を伸ばす**

POINT 2 **背中と背もたれとの間隔をこぶし1つ分程度あけて座る**

男性

・足は自然に開く。
・両手は軽く握り、ももの上に置く。

女性

・膝をきちんとつける。
・両手は指を揃えて重ねる。

注意点

・イスから立つ時は、イスを机の下にきちんと収納する習慣をつける。急いでいても、イスを出したままにしないこと。
・寒い時にはひざ掛けを使用してもよいが、華美なものは避けること。

・足を組むと、相手を見下していると思われるので厳禁（腕組みも同様）。

・席を離れる時に、書類を机に出したままにしないこと。引き出しなどにしまうか、最低限ふせて見えないようにする。

入室時のマナー

STEP 1

・ドアを３回ノックする。
・音の大きさは中の人に聞こえる程度。

STEP 2

・「どうぞ」と言われてから、「失礼いたします」と言ってドアを開ける。

STEP 3

・ドアを開けたら、軽く会釈（P30 参照）をする。

STEP 4

・ドアノブを反対の手に持ち替える。
・体の向きを変えながら中に入る。

STEP 5

・反対側の手でドアを支える。

STEP 6

・音をたてないように、両手でドアを閉める。

STEP 7

・改めて「失礼いたします」と言い、お辞儀（敬礼）をする。

STEP 8

・歩き始める前にいったんドアの前で止まる。

退室時は……

入室の時と同じ要領でドアの前で「失礼いたしました」と言ってお辞儀をし、相手におしりを向けずに退室する。

和室の場合の座り方

STEP 1

・基本的に、和室は正座。
・座布団は勧められてからつかう。

STEP 2

・座布団の横（下座側）または後ろから、軽く握った両手で体を支えながら、座布団へにじり上がる。

※座布団から下りるときも、同じようにして、にじり下がる。

STEP 3

・背筋をまっすぐに伸ばして座る。

座布団に関するマナーはいろいろ

・勝手に座布団に座らない。
・正式なあいさつは座布団から下りて行う。
・座布団を踏まない。
・座布団の位置を動かさない。
・座布団を裏返さない。

CA-STYLE流 +1

入室はゆったり余裕を持って

機内での出来事です。お手洗いの中に人がいるかどうか確認するためにノックをしましたが、お返事はなく鍵もかかっていなかったので当然誰もいないものと思い込み、使用中のトイレのドアを開けてしまったことがあります。

思い込みは危険です。たとえば、お客さまのお宅を訪問しお手洗いをお借りする場合など、ノックをしてすぐに返事がなくても、中にご家族の方がいる可能性があります。ひと呼吸おいて、再度ノックをし、それでも返事がなければそっと開ける。そのくらいの間は大切だと、経験から痛感しました。

お手洗いに限らず、入室の際は、ゆったりとした気持ちで誰かが中にいることを想定しておきましょう。

11 お辞儀の基本

お辞儀をＴＰＯでつかい分けていますか？

Check Point !

- □ あいさつは自分から笑顔でする
- □ 言葉を伴うお辞儀は「先言後礼」を心がける
- □ TPOによってお辞儀の角度をつかい分ける

心のこもったお辞儀は相手の心の扉を開く

皆さんは、心をこめてお辞儀をしていますか。ただ頭を下げればいいと思っていると、心ない気持ちが相手に伝わってしまいます。ＴＰＯによって、お辞儀の角度をつかい分けるなど、意識的にお辞儀をしましょう。

TPOに合わせたお辞儀のつかい分け

会釈

軽いお辞儀（15度）
- 人の前を通る時。
- お茶を出す時など。

敬礼

通常のお辞儀（30度）
- 上司やお客様など目上の方へのお辞儀・あいさつなど。

最敬礼

丁寧なお辞儀（45度）
- 深い感謝を表す時。
- 謝罪する時など。

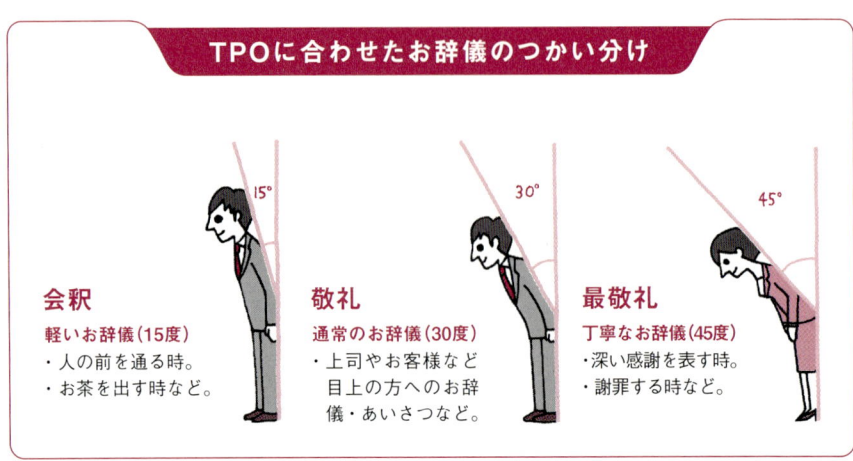

心のこもった美しいお辞儀

POINT 1 可能な限り体を相手に正対させ、先言後礼でお辞儀する

POINT 2 頭を下げるのを早く、上げる時はゆっくりにすると丁寧な印象

STEP 1 動作を止めて笑顔で相手の目を見る

謝罪の時は申し訳ないという表情でお辞儀をする

STEP 2 言葉を発する

STEP 3 相手の目を見る

STEP 4 スッと早く頭を下げる

STEP 5 体を倒した状態で2秒ほど止める

STEP 6 ゆっくりと体を起こす

STEP 7 再度笑顔でアイコンタクトをする

お辞儀のNG

- 立っている相手に対して、イスに座ったままお辞儀をする
- 首だけチョコンと曲げるお辞儀
- 歩きながらなど、ほかのことをしながらお辞儀をする
- 何度もぺこぺことお辞儀をする

CA-STYLE流 +1

先言後礼がお辞儀の原則

最近は、多くの人があいさつの言葉と同時にお辞儀をする「同時礼」を行っています。

でも、同時礼では、相手と目を合わせる時間が少なく、あいさつの言葉も床に向かって発しているようなものなので、相手に気持ちが届かないのです。

本来、言葉を伴うあいさつの際のお辞儀は、上に紹介した「先言後礼」が原則です。

状況によって、やむをえずに同時礼を行うことはあるかもしれませんが、非礼にあたるということは覚えておきましょう。

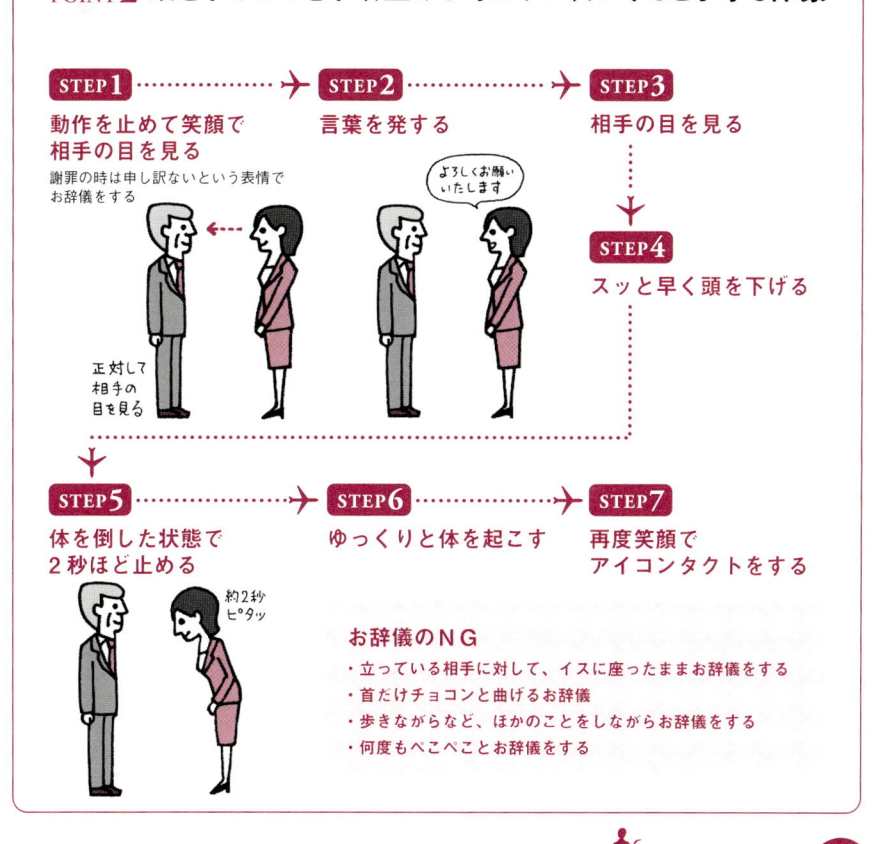

12

ビジネスシーンにふさわしい笑顔

素敵な笑顔を身につけて、相手の心の壁を超えよう！

Check Point !

- □ 口角をあげて笑う
- □ 口元を隠しても笑顔に見える（目も笑っている）
- □ 時々、鏡で自分の笑顔を確認する

笑顔は万国共通のコミュニケーションツール

皆さんは自分の笑顔に自信がありますか。もし、自信がないという方でも今日から意識を変えることで、誰でも素敵な笑顔を作ることができるようになります。そう、最初は笑顔を「つくる」ことから始めるのです。

笑顔の練習

POINT 1 目で笑う

目が三日月のように細く笑っていてこそ、本当に感じのよい優しい笑顔になる。鼻から下を紙などで覆って、鏡で確認してみる。

POINT 2 口角を上げる

口を横に広げるのではなく、口角を上に上げる。上がりづらい人は、頬を人差し指・中指・薬指の3本で上に持ち上げるようにすると感覚がわかる。

- 毎日鏡に向かって笑顔を作り続けることで、気がつくと自然な笑顔が身についている。
- 身近で笑顔が素敵な人を観察してみるのもいい方法。
- 朝起きて顔を洗う時、会社でお手洗いに入った時など、鏡の前で意識して笑っているうちに、本当に楽しい気分になれるのでぜひお試しあれ。

目の動きの重要性

笑顔とともに重要視されるのが、目の動きとアイコンタクト。たとえ笑顔でも、目が泳いでいたら、相手にどのような印象を持たれるでしょうか。きっと『自信がなさそう』『何を考えているのか、わからない』といった印象になるでしょう。

ただし、あまり相手をじっと見すぎるのも威圧的になるので、時にはネクタイの辺りを見るなどして、目線をずらすことも大切です。

目線のTPO

CASE 1 複数の相手に向かって話をする時は

・死角になりがちな端や真横の方にも視線を向ける。
・まんべんなく視線を送ることで、相手に気持ちが伝わる。

CASE 2 大切なことを伝えたい時は

・真剣さを伝えるために、相手の目を見て目力をつかう。
・相手の目をじっと見るのが苦手な人は、目の少し上（眉間のあたり）を見ていても、相手は目線を合わせているように感じる。
・女性に対しては胸元、男性に対してはおでこのあたりをじっと見るのはタブー。

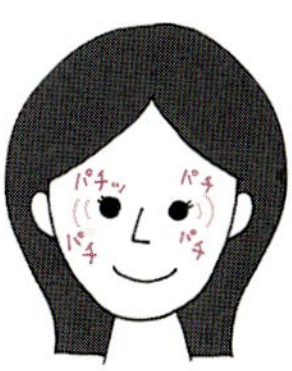

まばたきの回数が多いと「落ち着きがない」「嘘をついているのでは」という印象を与えてしまうので注意が必要。

横から声をかけられた時などは、目玉だけを動かすのではなく、顔と胸も向ける。

CA-STYLE流 +1

笑顔の訓練

CAの新人訓練では、ひたすら笑顔の練習をしたものです。鏡を見て笑う練習に始まり、授業中も教室の外から怖い教官や見学者の方々に見られながら、常に笑顔で訓練に臨みました。私は少なくとも、新人の３年間ほどは鏡に向かって毎日笑顔を作っていました。毎日の笑顔作りをすることで、確実に自然な笑顔に変わります。

なお、考え事をするときに、知らず知らず仏頂面になっている人をよく見かけますが、特に人前では気をつけたほうがよいでしょう。

13

癖・直したいしぐさ

自分では気がつきづらい癖をもう一度チェック！

Check Point !

- □ 自分に悪い癖はないか振り返る
- □ 常に人に見られているという意識を持つ
- □ 人に感心される所作を習慣づける

知らず知らずのうちについている「癖」

周りから見ると非常に気になる癖があっても、当の本人はなかなか気がつかないものです。これを機会に悪い癖を直し、人から好感を持たれるような素敵なしぐさを習慣づけましょう。 右の図に、代表的な癖や直したいしぐさを挙げました。周りの人に指摘していただき、それを素直に受け入れて、直していきましょう。

CA-STYLE流 +1

あなたは意外に見られています

CA は常に頭の先からつま先まで見られているということを意識しながら仕事をしています。美しい所作を身につけるために、定期的に上司からチェックを受けるほどです。例を挙げると「物は立ったままではなく、しゃがんで拾う」、「同時に２つ以上のことをしない（お客様にお飲み物をうかがいながらカートを押すなど）」、「物を指す時は指を閉じて５本の指で示す」などです。

これらはほんの一部で、細かく分類されたチェックシートがあるほど、しぐさは大切だとされています。

直したい癖・しぐさ　ベスト12

1 貧乏ゆすり

落ち着きがなく見られ、相手に不快な思いをさせる。

2 足や腕を組む

相手を見下している印象や何か隠している印象を与える。

3 髪をいじる

集中していない印象や不潔な印象を与える。

4 指を指す

特に人を指すのはたいへん失礼にあたる。

5 携帯電話をいじる

プライベートなことを気にしていると思われる。

6 爪をかむ

自立していない、不潔なイメージ。

7 指でデスクをたたく

落ち着きがなく、ほかの人の妨げとなる。

8 片手で物の受け渡しをする

両手で丁寧に渡す。書類は相手が読みやすい向きにする。

9 ガサガサと音をたてる

物を置く時・歩く時など、スマートに静かにする。

10 頬杖をつく

やる気がない印象。

11 鼻歌を歌う

集中していない。

12 ペン回し

落ち着きがない。

14

声の出し方・話し方

印象がいい声で、説得力のある話し方を

Check Point !

- □ 腹式呼吸で声を出す
- □ 笑顔で楽しい気持ちを声にのせて話す
- □ TPOで声のトーンや話すスピードを変える

説得力がある話し方とは

「同じことを言っているのに、あの人が話すと説得力があるのはなぜ？」と感じたことはありませんか？　それはもちろん、その人の実績や人柄もありますが、実は発声のしかたと話し方の工夫にあるのです。発言の内容も大事ですが、それと同時に声の出し方やトーンも重要なのです。好印象な明るい声を出すには、笑顔を作って、その楽しい気持ちを声にのせる練習をすると効果的です。

また、ここぞという商談の際には、やや低めの声でゆっくりと話すといったつかい分けができるようになれば、一流のビジネスパーソンにさらに一歩近づけます。

あなたの言葉はどんなふうに聞こえている？

ビデオなどに録画・録音した自分の声を聞いたとき、どう感じますか？　大多数の人が、自分が思っている声や話し方と違うと感じるものです。ところが、この声こそが、ほかの人が実際に聞き取っている声なのです。

また、緊張していると、自分では気がつかないうちに早口になりがちです。一度、自分の声を録音してみて、気になる点を確認してみるとよいでしょう。

発声の方法

POINT 1 腹式呼吸で口を十分に動かして声を出す

腹式呼吸の練習法

STEP 1 背筋を伸ばし、肩をリラックスさせる。

STEP 2 肩が上がらないように、お腹だけをつかって呼吸をする。

STEP 3 息を吸った時にお腹が出て、息を吐くとお腹がへこむことを意識する。

肩が上がらないように
吸ったときはお腹が出て吐くとへこむ

わかりづらい時は仰向けになってお腹に手を当ててみるとよい。

POINT 2 口を十分に動かす

あー

- 日本語は英語などに比べて、口をあまり動かさずに話すことが多い。
- 「あ」は、指が縦に２本入るくらい大きく口を開けるなど、正しい口のつかい方を心がける。

CA-STYLE流 +1

顔が見えない時こそ笑顔で

機内アナウンスを練習する際、インストラクターに頻繁に注意されることが「もっと笑顔で楽しそうに声を出すように」ということ。顔が笑っていないと、明るい印象のアナウンスにはならないのです。また反対に、飛行機が遅れて謝罪をする時などは、表情も「申し訳ございません」という表情で、心からの謝罪の気持ちをのせてアナウンスをしなければ、聞いている方々に気持ちが伝わらないのです。

アナウンスに限らず、電話など、相手の顔が見えないやり取りの際、声に気持ちをのせないと相手に響きません。何度も練習しましょう。

あなたの「見た目」チェックリスト

毎日、余裕を持って「見た目」をチェックしましょう。

男性

髪　▶19ページ

□ 社会人らしい髪型である
□ 清潔である（フケがついていない）
□ 寝癖がついていない
□ 整髪料などの香りはきつくない
□ 前髪が目にかかっていない
□ 自然な色である

顔　▶19ページ

□ ひげは剃ってある
□ 鼻毛が出ていない

スーツ　▶14〜15、26ページ

□ 控えめで上品である
□ サイズがちょうどよい
□ ポケットにものを入れすぎていない
□ ボタンはきちんと留めている。取れかかっていない
□ 袖口・裾などに汚れ・ほつれがない
□ ズボンにきちんと折り目がついていて、シワがない

Yシャツ　▶15、27ページ

□ 襟や袖口に汚れがない
□ 色やデザインがスーツと合っている
□ シミ・シワがない

ネクタイ　▶16〜17ページ

□ スーツと調和している
□ 曲がっていない

靴下　▶15ページ

□ スーツと合っている（白はNG）
□ 清潔でほころびもない（においもチェック）

指先　▶19ページ

□ 爪が伸びすぎていない
□ 手ががさがさしていない

足元　▶15、18、27ページ

□ 靴はきれいに磨いてある
□ 靴のかかとは磨り減っていない
□ 服とのバランスがとれている

かばん　▶17、92〜93ページ

□ 必要なものがすぐに取り出せる

におい　▶18〜19ページ

□ 口臭はない
□ 汗のにおいはない
□ 足は臭くない

女性

髪　▶25ページ

□ 社会人らしい髪型である
□ 清潔である(フケがついていない)
□ 前髪が目にかかっていない
□ ヘアアクセサリーは派手でない
□ 長い髪はまとめている
□ 自然な色である

顔　▶24〜25ページ

□ ナチュラルメイクをしている
□ 口紅がはげていない

ジャケット・スカートなど　▶21、26ページ

□ 仕事にふさわしい色・デザインである
□ スカートの丈が短すぎない
□ シミやほつれがない
□ ジャケットのポケットに物を詰め込みすぎない

ブラウスまたはインナー　▶21、27ページ

□ 襟・袖口は汚れていない
□ シミ・シワがない

アクセサリー　▶22ページ

□ 控えめである
□ 指輪は2個以内である

ストッキング　▶21、29ページ

□ 靴下や素足ではない
□ 伝線していない
□ 色は控え目

指先　▶25ページ

□ マニキュアがはげていない
□ マニキュアの色は控えめである

足元　▶21、27ージ

□ 靴はきれいに磨いてある
□ 靴のかかとは磨り減っていない
□ 色やデザイン・ヒールの高さが適当

かばん　▶23、92〜93ページ

□ 必要なものがすぐ取り出せる
□ 服装に合っている

におい　▶男性編18〜19、25ページ

□ 口臭はない
□ 汗のにおいはない
□ 足は臭くない
□ きつい香水をつけていない

CA-STYLE流 Wide +1

CAの美容基準

身だしなみのルールは、会社によってさまざま。
大まかな基準はあっても、アクセサリーなどの細かい規定はない場合もあります。
ご参考までにCAの美容基準を、一部ですがご紹介しましょう。
日本の航空会社の美容基準はとても厳しく細かいものです。

アクセサリー

・イヤリング・ピアスは４㎜以内（パール・ゴールドかシルバー）
・ネックレスは禁止
・指輪は両手で１個まで（太い指輪・ダイヤがついているものは避ける。人差し指・親指・小指にはしない）

マニキュア

・必ず塗る
・色は透明か桜貝のような薄いピンク色など、肌になじむ色
・爪の長さは２㎜以内

髪型

・襟足より長い髪は毛先が出ないように束ねる
・色は黒または茶色レベル６
・頭の上に盛るのは禁止
・華美なヘアアクセサリーは避ける

時計

・高級ブランドの時計は控える
・白いストラップ禁止
・秒針がついているもの（急病人が出た時に脈を測るため）

化粧

・つけまつげ・エクステ禁止
・特殊メイク禁止
・華やかに見えるようにメイクをする

やはり日本人は控えめな美しさを美徳とするようです。デザインやファッション関係の業種の人などは、お客様からも「おしゃれ」に見える身だしなみのほうが望ましい場合もあるなど、業種や職種によって異なりますが、一般的には華美な物は避けたほうが無難です。おしゃれは、プライベートの時に楽しみましょうね。

2
社内業務のマナー

1

仕事と会社のルール

会社で仕事をする上で、守らなくてはいけないルール

Check Point !

- □ 就業規定を読み、それにのっとって行動する
- □ 自分の仕事、業界に関する法令(禁止事項)を把握する
- □ 情報の取り扱いには、細心の注意を払う

「知らなかった!」では済まされないルールいろいろ

会社は、営利を目的として一定の計画に従って経済活動を行う経済主体です。ですから会社で働くには、組織として動くという認識をしっかり持つことが必要です。

また仕事を円滑に進めていくには、必要なルールを守りながら、自分に与えられた責任をしっかり果たし、互いに協力し合って仕事を進めなければなりません。

代表的なルールとしては、国との約束事が記された法令や、会社ごとの就業規則・社内規定などがあります。これらを１つひとつ確認するのは面倒かもしれませんが、何かあった時、「知らなかった」「読んでいないので、わからない」ではすみません。企業人、組織人として、仕事と会社のルールをしっかり確認しましょう。

CA-STYLE流 +1

「人材」から「人財」へ

会社が求めるのは「指示待ち社員」ではなく、自分から仕事を見つけて提案・行動する「自発的社員」です。ただし新入社員の場合、自分の裁量を超える判断が求められるケースも多いので、必ず上司の許可を得るようにしましょう。

仕事に関係するルールいろいろ

1 法令や社会的なルール、社外とのルール

法律、民法、会社法、税法、労働基準法など：すべての企業に関係する法律。

商法、通信販売法、労働者派遣法、宅地建物取引業法、その他多数：業種・業態・事業によって関係するさまざまな法律。

条例、政令、通達など：法律以外の国や地方自治体などが定めるルール。

取引契約、売買契約などの規定：契約書に定められたルールに従って取引を行う。また、契約書を交わさなくても（口頭やメールでの約束、単純な売買など）、契約成立となる場合も多いので注意が必要。

社会通念上、道義上のルールや商慣習：上司にとっては当たり前の社会の常識・不文律を、新入社員が知らないと思わぬトラブルも。防止のためには「ホウ・レン・ソウ（報告・連絡・相談）」が大切。

Keyword

守秘義務：法律で義務づけられている特定の職業や職務に従事する人（公務員、弁護士、医師など）や、契約において秘密保持の規定を設けている場合のみならず、道義上も仕事で知りえた秘密を軽々しく明かさないよう注意。

個人情報保護法：個人のプライバシーを保護するため、個人情報の取り扱いに関して記された法律。顧客情報の流出を防ぐため、自社で具体的なルールを定めている会社も多い（顧客データの社外持ち出し不可、データを保存するメディアの社内持込み不可など）。

コンプライアンス（法令遵守）：企業が法律などのルールに従って活動することを意味する言葉で、今日ではCSR（corporate social responsibility、企業の社会的責任履行）とともに非常に重視されている。コンプライアンス違反をした企業は、法的責任を負ったり、信用失墜による売上低下といった社会的責任を負ったりすることになる。

2 社内のルール

就業規則・社内規程：労働条件や服務規律など会社が定める規則。入社や退社の手続、労働時間・休日、服務規律、懲戒処分と解雇などに関する決まり事が定められている。このほか、明文化されていなくても会社内で当然のこととして慣行されている規範もあるので注意。

命令系統の遵守：上司の指示や許可がないのに、取引上などの重要な決定をするのはもちろんNG。また、直属上司以外から指示・命令を受けた場合は、直属上司にその旨を報告・相談して状況を把握してもらう。

Keyword

ハラスメント：ハラスメントとは、「相手に迷惑をかけること＝嫌がらせ」の意味であり、職場でのハラスメントには、一般的に次の３つがある。

- **セクシャル・ハラスメント：**性的な言動で相手を不快にさせる
- **パワー・ハラスメント：**職権を利用して本来の業務範囲を超えて人格・尊厳を侵害する
- **モラル・ハラスメント：**道徳上許される範囲を超えて迷惑行為や嫌がらせをする

2 あいさつの基本

あいさつは
先手必笑！

Check Point！

- □ あいさつは、いつも自分からする
- □ 相手の目を見て、笑顔であいさつする
- □ 省略せずに最後まで言葉にする

あいさつがあなたの評価を左右する

あいさつは漢字で「挨拶」と書きます。仏教用語で「挨」は心を開く、「拶」は相手に近づくという意味があります。つまり、あいさつは、自分から心を開いて相手に近づく行為であり、同時に「私はあなたの存在を認めています」という存在承認としての意味もあります。誰でも一度や二度、相手からあいさつをされずに寂しい思いをしたことがあるのではないでしょうか？　ビジネスにおいても、あいさつは人の心と心を結ぶきっかけであり、時代を問わず重要視されています。

にっこり笑顔で先にあいさつをすると、相手への好意や積極性を感じさせるので、あなたの印象がぐんとよくなり、好感度も高まります。

逆にあいさつができていないと「あいつは、あいさつもろくにできない」「あいさつのしかたを知らない奴」という評価になり、仕事以前に、あなたの人間としての評価を下げてしまうことにもなりかねません。

いつの時代も、「何事もあいさつから始まり、あいさつに終わる」ということを肝に銘じておきましょう。

好印象を与えるあいさつのポイント

あ ……明るく元気よく笑顔で

相手の目を見て、笑顔で明るくあいさつする。あなたの元気なあいさつは、職場の雰囲気を明るくし活気を生むはず。特に新人のうちは、顔を覚えてもらうためにも、率先してあいさつすることが大切。「あいさつ」は相手のためであると同時に、自分の気持ちを高め、一日を元気に過ごすための発声の役目もある。

POINT 1　時間帯や社内の状況によって声の大きさを調整しながら、きちんとあいさつする！

い ……いつも

あいさつしたりしなかったりと、ムラがある態度は禁物。
また「一度すませたから後は素知らぬふり」では効果なし。すれ違う時に笑顔で会釈するだけでも、相手の意識の中にあなたの存在感を残すことができる。

POINT 2　相手の返事が返ってこなくても、気にしないであいさつの習慣を続ける！

さ ……先に

上司や先輩、商談相手やお客様など、目上の人、気をつかう人に対してだけではなく、同僚や目下の人にも自分から進んであいさつするのが大切。

POINT 3　あいさつは立場に関係なく、気づいたほうからするのがマナー

つ ……続けて

「おはようございます」など定型のあいさつに続けて、お天気や相手の近況などを話すことで会話が弾み、相手との距離がぐっと近づくもの。

POINT 4　あいさつは省略せずに最後まできちんと言葉にする
×「どうも……」→○「どうもありがとうございます」
×「お先に」→○「お先に失礼します」

あいさつNGワード

「(目上の方に) ご苦労さまでした」 ▸ **「お疲れさまでした」**
「(目上の方に) ごめんなさい」 ▸ **「失礼いたしました」**
「すいません」 ▸ **「すみません」**
「お世話さまです」 ▸ **「いつもお世話になっております」**

あいさつ　ビジネスでよくつかうフレーズ集

朝

おはようございます …… 一日を爽やかにスタート

日中

こんにちは or お疲れさまです …… 日中のあいさつの基本的なフレーズ
ありがとうございます …… 感謝の気持ちを伝える
申し訳ございません …… 失敗は素直に認めて
行ってまいります …… 外出はその都度知らせて
行ってらっしゃい …… 職場の仲間を気持ちよく送り出す
ただいま戻りました …… 外出から戻ったことを周りに知らせる
お帰りなさい …… 労をねぎらい、あたたかく迎えて
今、お手すきですか？ …… 用件を切り出すときの「クッション言葉」（p 154 参照）
失礼いたします …… 相手の動作を中断させてしまう場合や、入退室時など
いつもお世話になっております …… 取引先などの外部の人へのあいさつ
いらっしゃいませ …… 自分のお客様ではなくても、歓迎の気持ちを伝えて
○○様でいらっしゃいますか？ …… 相手を確認するときに
少々お待ちいただけますか？ …… ごく短時間でも、待っていただくときに
○○でよろしいでしょうか？ …… 確認をとる場合に。「よろしかったでしょうか？」はNG
かしこまりました …… 用事を頼まれたときに
承知いたしました …… お客様に対して「了解しました」はNG
お手数ですが …… 相手に作業や手配を依頼するときの「クッション言葉」
恐れ入りますが …… 相手に依頼・断りをするときの「クッション言葉」
申し訳ございませんが …… 相手の意に沿わないかもしれない依頼・断りをするときに
差し支えなければ …… 相手の意向を確認しながら依頼する場合に。個人情報を聞く時など
ごめんください …… 相手を訪問する時に

退勤・退出時

お疲れさまでした …… 「ご苦労さま」はNG（目下の人へかける言葉）
お先に失礼します …… 自分が先に退勤する際に
失礼いたします …… 訪問先を退出する際など

CA-STYLE流 +1

ちょっとしたひと言で、印象UP！

あいさつの時に「○○さん、おはようございます」などと、相手の名前を呼びかけてみてください。相手はわざわざ自分に声をかけてくれたというスペシャル感を持ち、あなたに対して好印象を抱くでしょう。

また、前の日に業務を手伝ってくれたり、食事に誘ってくれた上司や先輩に対して、「おはようございます。昨日はありがとうございました」など、ちょっとしたひと言を添えると、ぐっと印象がよくなりますよ。

こんな場合はどうすればいい?

CASE 1 デスクで仕事しているとき、お客様がみえた

すぐ手を止めて立ち上がり、「いらっしゃいませ」と応対する。
お約束の場合「お待ちしておりました」と添えれば、なお Good。

CASE 2 社外の人と廊下などですれ違う場合

相手の行く手の邪魔にならないようによけてから立ち止まり、あいさつする。清掃、配送の方にも積極的にあいさつを。階段ですれ違う場合は、同じ目線のところであいさつするのが、グッドタイミング。

CASE 3 エレベーターで上司と一緒になった場合

エレベーター内がすいていればあいさつするが、混んでいれば目礼だけで大丈夫。

CASE 4 デスクで仕事中、上司にあいさつされた

仕事中であっても作業する手をいったん止めて、相手のほうを向いてからあいさつする。作業しながらあいさつするのは、失礼な行為。

CASE 5 仕事中の上司や先輩に話しかける

邪魔をしないよう、頃合いを見計らって、「お仕事中、失礼します。今、少しよろしいでしょうか」と相手の都合を尋ねる。大丈夫であれば、それから用件を話すのがマナー。

CA-STYLE流 +1

当たり前のことに心を込める

朝、顔を合わせた時に「おはようございます」、何かしてもらったら「ありがとうございます」、失敗してしまったら「申し訳ございません」、一日の終わりに「お疲れさまでした」——これらはすべて当たり前のことです。この当たり前のことに、意識してどれだけ心を込めたかで、相手の持つ印象がまったく変わります。

人間関係も良好で仕事の成果も出している人は、あいさつを見ればわかります。

3

電話のかけ方の基本

ワントーン明るい声で、はっきり元気よく

Check Point !

- □ 電話をかける前に必要な書類、資料、話す内容を準備する
- □ 相手の会社の就業時間を把握しておく
- □ 電話の横に鏡をおいて、表情をチェックできるようにしておく

準備と配慮ですべてが決まる！

電話は受ける側の状況におかまいなくかかってくるものです。だからこそ、かける側は、相手の負担を減らす「準備と配慮」を忘れてはいけません。たとえば、相手が忙しくしている時間帯は避けたり、話の要点を予めまとめてから電話をかけるなど、電話をかける時は、常に相手の立場に立って考えましょう。

また、最初のうちは、電話をかけるのにも緊張し、話の順序がバラバラになったり、言い忘れが生じたりするものです。そうならないためにも、電話をかける前に、今一度、資料や内容を書いたメモを確認し、あらゆるケースに対応できるように準備しておきましょう。準備が心の余裕を生み、心の余裕が自信につながります。

CA-STYLE流 +1

鏡を見ながら電話する

「見えないから大丈夫」は、勘違い！　あなたの表情・態度は、すべて相手に伝わっています。手の離せない仕事中でも、いったん手を止めて電話に集中しましょう。背筋を伸ばし最高の笑顔で応対を。電話では、ワントーン明るく元気なぐらいで丁度よいですよ。

電話のかけ方の基本

STEP 1

準備

電話の前に、必要な書類・資料、手帳・筆記用具を準備しておく。

POINT 話す内容と順序を、予めメモに書いておく！

STEP 2

電話をかけ、名乗る

電話に出た受付の方に、明るく元気にはっきりと会社名と名前を告げ、あいさつする。

〈応対例〉「わたくし、□□社△△部の ×× と申します。いつもお世話になっております」

POINT 営業時間外や昼食にあたる時間などに電話をかけるのは、緊急の場合を除いてNG！ 始業開始直後など忙しい時間帯も避ける配慮を。

STEP 3

取り次ぎを依頼する

相手の部署名と名前を伝え、取り次ぎを依頼する。

〈応対例〉「☆☆部の＊＊様はいらっしゃいますか？」

STEP 4-1

相手が出たら、要件を話す

本人とつながったら、改めて会社名と名前を名乗り、相手の都合を確認した上で、要件を簡潔にまとめて話す。

〈応対例〉「今、お話してよろしいでしょうか？」「3分ほどお時間をいただいてよろしいでしょうか？」

POINT 相手の都合を確認する配慮を！

※万が一、話の途中で電話が切れた場合は、電話をかけたほうからかけ直すのがマナー。

STEP 5-1

終わりのあいさつ

〈応対例〉「貴重なお時間をありがとうございました」「失礼いたします」

POINT 電話をかけたほうから切るのが基本。ただし、相手がお客様や目上の方の場合、相手が切ったのを確かめてから切ること。

STEP 4-2

相手が不在の場合は……

こちらからかけ直すのが基本。ただし、相手の帰社時間が不明、出張中、緊急の場合などは、伝言、折り返しの電話をお願いすることも。

〈応対例〉「何時ごろお戻りになりますか？」「恐れ入りますが、伝言をお願いしてもよろしいでしょうか？」

POINT 伝言を受けてくれた方の名前も忘れずに聞いておく。

STEP 5-2

終わりのあいさつ

不在の場合も、電話を受けてくれた人に感謝の気持ちを示す。

〈応対例〉「ありがとうございました」「(伝言を頼んで) どうぞよろしくお願いいたします」「失礼いたします」

4

電話の受け方・取り次ぎ方

正確・丁寧・迅速
＋
好感で印象アップ！

Check Point !

- □ 呼び出し音が鳴ったら3回以内に電話をとる
- □ 電話の横にペンとメモを用意する
- □ 必ず復唱し、相手に確認する

電話応対は大きなチャンス

新入社員でも、会社の代表として活躍できる場、それが電話応対です。きちんとした感じのいい応対は、会社のイメージを上げるだけでなく、あなたの様子を見ている上司、先輩からの信頼を得られ、あなたのイメージアップにもつながります。

また、電話応対をすることで、お客様や取引先、仕事内容なども具体的に知ることができ、仕事を早く覚えるのにも役立ちます。失敗を恐れず、ぜひ積極的に電話に出ましょう。

CA-STYLE流 +1

あなたは会社の代表です

電話応対は企業イメージを左右する大切な役割を担っています。その会社の商品や営業マンの印象はよかったのに、電話してみたら受付の態度や対応が悪くてがっかり、というような経験をしたことはないでしょうか？ 電話応対が悪いと、お客様は購入をやめてしまうこともあるのです。電話に出るということは、会社の代表としてお客様に応対しているということだと、肝に銘じて応対しましょう。

電話取り次ぎの流れ

STEP 1

呼び出し音が鳴る

3コール以内に出ること。

POINT　すぐにメモをとれるように、利き手にペン、反対の手で受話器を持てるような事前準備が肝心！

〈応対例〉3コール以上で出た場合の第一声「（たいへん）お待たせいたしました」

STEP 2

応答する

通話直後の言葉を聞き漏らさないように受話器を耳に当ててから応答ボタンを押す。

〈応対例〉**自分**「お電話ありがとうございます。○○社でございます
相手「わたくし、□□社△△部の××と申します。いつもお世話になっております
自分「□□社△△部の××様ですね。いつもお世話になっております」
相手「☆☆部の＊＊様はいらっしゃいますか？」
自分「☆☆部の＊＊ですね。かしこまりました。少々お待ちいただけますか？」

POINT　間違いがないように必ず復唱して確認する

〈応対例〉**聞き取れなかった場合**「申し訳ございませんが、もう一度お願いしてよろしいですか？」

STEP 3

保留ボタンを押す

POINT　送話口を手で押さえただけはNG！　案外相手に聞こえるもの。

STEP 4

名指し人が電話に出られる状況かどうか確認

〈応対例〉「＊＊さん、□□社△△部の××様から外線◎番にお電話です

POINT　名指し人の了解があるまで、相手に名指し人がいるかどうかは明言しないこと。

STEP 5

取り次ぐ

→ 不在時の応対は、P.58からの「不在時の場合」へ

電話取り次ぎNGワード

「もしもし」「お世話さまです」
「了解しました」「わかりました」

いずれもビジネスシーンにふさわしくない言葉

STEP 6

受話器を置く

POINT　名指し人が電話に出たのを確認してから、または相手が電話を切ったことを確認してから、静かに受話器を置く。

5

名指し人が電話に出られない時の応対

基本を押さえ、臨機応変に対応！

Check Point !

- 「申し訳ございません」とお詫びのひと言がすぐに出る
- 自分の名前を相手に告げ、責任の所在を明らかにする
- 判断がつかない場合は無理をせず、上司や先輩に相談する

まずはよくつかうフレーズを覚えましょう

電話取り次ぎの際に、相手が名指しした人が常に社内にいるとは限りません。不在の伝え方は状況によって多少異なりますが、どの場合もまず、「申し訳ございません。ただいま外出しております」などと、会社の代表として、名指し人が電話に出られないことをお詫びすることから始まります。

電話の取り次ぎや不在時の対応のしかたには、いろいろなケースがあり一見難しく感じるかもしれませんが、よくつかうフレーズやケースごとの対応パターンを覚えてしまえば、特に難しいことはありません。しっかりと覚えて、スムーズな応対、取り次ぎができるようになりましょう。

よくつかうフレーズ

・「申し訳ございません、
あいにく○○は席を外しております」
・「○時には戻る予定です」
・「戻りましたら、こちらから
ご連絡（お電話）いたしましょうか」
・「念のため、（もう一度）お名前とご連絡先
をうかがってもよろしいでしょうか」
・「かしこまりました」
・「承知いたしました」
・「わたくし、△△が承りました」

名指し人不在時の電話応対チャート

STEP 1
お詫びの言葉
〈応対例〉「申し訳ございません。あいにく～」
POINT 会社の代表としてお詫びする

STEP 2
不在の理由を伝える
外出、会議など電話に出られない理由を簡潔に伝える（次ページ参照）。
〈応対例〉「あいにくただ今、○○中でございます。」

STEP 3
相手の要望を聞く
緊急かどうか、折り返し電話が必要かどうかなど、相手がどうしてほしいのか確認する
〈応対例〉「こちらから折り返しお電話差し上げましょうか？」
「ご用件をおうかがいいたしましょうか？」

STEP 4
相手の連絡先を聞く
〈応対例〉「差し支えなければ、念のためご連絡先を教えていただけますか？」
POINT 「知っているから」と言われても必ず聞く。

STEP 5
伝言内容を確認する
相手から聞いた連絡先、伝言内容を復唱し、自分の名前を名乗る。
〈応対例〉「ありがとうございます。それでは復唱いたします。～ですね」
「＊＊が戻りましたら、□□社△△部の ×× 様からお電話があった旨、確かに申し伝えます」
「わたくし◇◇が承りました。お電話ありがとうございました」
POINT 名乗ることで、責任を持つことが相手に伝わり、信頼感を与える。

STEP 6
電話を切る
POINT かけた方が先に切るのが基本。

STEP 7
伝言メモを作る
POINT 5W3Hでメモを作る（P. 63 参照）。

STEP 8
名指し人にメモを渡し、伝言を伝える。
机に伝言メモを置くだけでなく、名指し人にきちんと伝わったかまで確認する。
POINT メモだけでは不十分な場合、口頭・メール・電話なども併用する。
〈応対例〉「先ほどお電話がありましたので、メモをデスクに置いています。確認してください」

ケース別　具体的受け答え例

名指し人が電話に出られないケースとして、不在の場合と社内・部署内にいても取り込み中の場合があります。

そのような場合にどのように対応したらいいのか、ケース別の応対例を見ていきましょう。

名指し人が不在の場合

CASE 1 外出している場合

「申し訳ございません。あいにく＊＊は外出しております。15 時頃、帰社予定でございます。戻りましたら、ご連絡いたしましょうか」
※お昼休みで外に出ている場合も、「外出」で応対する。

CASE 2 短時間、席を外している場合

「申し訳ございません。ただ今＊＊は席を外しております。5分ほどで戻る予定ですが、いかがいたしましょうか」
※トイレに行っている、給湯室に行っているといった場合、詳細な情報まで相手に伝える必要はない。

POINT 「すぐ」「ちょっと」といったあいまいな表現は避け、「5分ほど」など、なるべく具体的な目安を示す。

CASE 3 出張している場合

「申し訳ございません。あいにく、＊＊は出張中でございます。来週月曜日、8日に出社の予定でございます。よろしければ、ご用件を承りますが……」
※名指し人がしばらく出社しない場合は、出社予定日を伝えた上で、どうすればよいか相手にうかがう。

CASE 4 欠勤の場合

「あいにく、本日、＊＊は休暇をとっております。明日、出社しましたら、ご連絡いたしましょうか」
※原則として、欠勤の理由を相手に伝える必要はない。

CASE 5 遅刻の場合

「あいにく、＊＊は出先へ直行しております。11 時頃、帰社予定でございます」
※相手に遅刻していることを知らせる必要はない。

名指し人が取り込み中の場合

CASE 1 社内会議の場合

「申し訳ございません。あいにくただ今、＊＊は会議中でございます。15 時に終わる予定です。会議が終わりましたら、ご連絡いたしましょうか」

※ただし、「会議中でも電話は取り次いで」と言われている場合は、会議室へ内線するなどして、電話を取り次ぐ。

CASE 2 社員同士の打ち合わせ中の場合

「ただ今確認して参りますので、少々お待ちいただけますか？」

※相手にこのように告げ、名指し人に取り次ぐ。

※名指し人が、すぐに電話に出られない場合は、どう対応したらいいか指示を仰ぎ、「のちほど、こちらからお電話を差し上げます」「30 分後にもう一度かけ直していただけますか？」などと応対する。

POINT 1 名指し人が在席中でも、電話に出られるかどうか確認が取れるまでは「席にいます」と電話の相手には伝えない。

POINT 2 「失礼いたします。よろしいですか？」などと、打ち合わせに割り込む失礼を断ってから伝える。

CASE 3 接客中の場合

「申し訳ございません。あいにくただ今、＊＊は来客中でございます。のちほど、こちらからご連絡させていただきます」

※基本的には訪問客が優先。ただし緊急の場合は、来訪者との会話を中断しないようにタイミングを見計らって「お話し中、失礼いたします」と断わりを入れてから、用件を書いたメモを手渡す。

POINT 訪問客に伝言内容を知られないよう注意。

CASE 4 電話中の場合

「あいにくただ今、＊＊は電話中でございます。」

※基本的には、名指し人が今かけている電話のほうを優先。緊急の場合はメモなどで知らせる。

CASE 5 自分では判断がつかない場合

※あなただけでは、どうしたらいいのか判断のつかないケースもあるはず。お客様からの苦情など、迅速な対応と的確な判断が求められる時は、上司や先輩に速やかに相談すること。

POINT 独断はNG!

6 伝言メモのとり方、渡し方

伝言には、最後まで責任を！

Check Point！
- □ 5W3Hで的確で正確なメモをとる
- □ 伝言がきちんと伝わったかどうかまで確認する
- □ 会社や部署のルールにのっとって伝言メモを作成し、渡している

伝達確認までしっかりと！

伝言を預かった時に、伝言メモを名指し人のデスクに置いて「これで完了」と安心してはいけません。これでは取り次ぎの仕事としては不十分です。デスクに置いたはずのメモが、書類の間に挟まって行方不明になったり、ひらひらどこかへ飛んでいってしまったり……などということが職場では起こります。

名指し人が伝言メモを受け取り、相手と連絡が取れた、そこまでがあなたの仕事です。「そんなこと聞いてない！」などの連絡ミスを起こさないためにも、最後まで責任を持って確認しましょう。

メモの書き方

相手に用件を正確に伝えるのがメモの役割です。右図のポイントをしっかり把握し、受け取った人が理解しやすく、次の行動に移りやすいメモを作成しましょう。「メモの書き方を見れば、仕事ができるかどうかわかる」と言われるぐらい、メモは仕事の中で重要な役割を果たすものです。

伝言メモのポイント

POINT 1　5W3Hでメモする

電話の場合には、「いつ」「誰から誰に」「どんな用件」で電話があり、「どのように対応したか」または、「（名指し人に）どのように対応してほしいか」といったことをメモ。
メモを書いた人（自分）の名前を末尾に必ず記入し、責任の所在を明らかにする。

5W3Hとは

Who	誰が、誰に	Where	どこで、どこに	How	どのように
What	何を	Why	何の目的で	How many	どのくらい（数字）
When	いつまでに			How much	いくらで（金額）

POINT 2　箇条書きにする

長々とした文章で書くと、大切な要点を見落とされる可能性が大。要点を箇条書きにすることで、見やすく、わかりやすいメモになる。

■メモ記入例

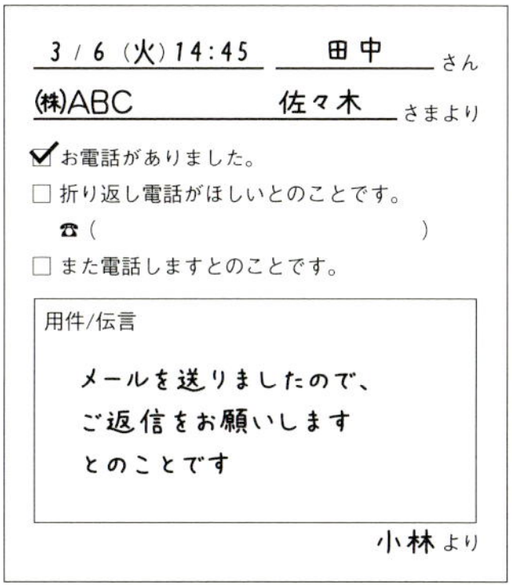
3 / 6（火）14:45　田中 さん
㈱ABC　佐々木 さまより
☑ お電話がありました。
□ 折り返し電話がほしいとのことです。
☎（　　　　　　　　）
□ また電話しますとのことです。
用件/伝言
メールを送りましたので、
ご返信をお願いします
とのことです
小林 より

POINT 3　渡す前に確認を

メモの内容に間違いがないか、相手に渡す前にもう一度確認する。

POINT 4　メモの存在を伝える

メモを名指し人のデスクに置いて終わりではなく、口頭（場合によってはメールや電話）で伝言（メモ）があることを伝えるところまでが、取り次ぐ人の仕事。

POINT 5　会社のルールに従う

メモの貼り方、様式など、会社でルールが決まっていれば、それに従う。メモ用紙が支給されない会社なら、上の例のようなメモを自分で用意する。

NG例　柄やキャラクターがついているメモ用紙は、避けたほうが無難。

※最近では社内ネットワーク上で、伝言を管理している会社もあるため、確認を。

7 クレーム電話への対応

お客様の立場に立って、誠心誠意対応する

Check Point !

- □ まずは会社の代表としてお詫びする
- □ 反論・言い訳をせず、相手の話を聞く
- □ 最後には、お客様を会社（あなた）のファンにする

クレーム電話はハッピーコール

誰であっても、お叱り・苦情の電話には出たくないもの。しかし、会社で働く以上、電話の内容を選り好みすることは不可能です。

自分のせいじゃないのにお叱りを受けるなんて、「納得いかない！」という人もいると思いますが、クレームはあなたに対する個人攻撃ではなく、会社に対して適切な対応を求める行為ですので、誠心誠意対応しましょう。

お客様にしてみれば、電話に出た相手が会社そのもの。相手が新入社員なのかベテランなのかなんて関係ありません。ここでいい加減な対応をすると、あなたに対する信頼だけでなく、会社に対する信頼も失ってしまいます。

ある航空会社のサービス部門のデータによると、クレームを寄せる顧客は全体の0.1％にも満たないそうです。そう考えると、貴重なお客様からの電話は、会社にとっての成長促進剤、ハッピーコールと捉えることができます。

クレーム電話をかけてきたお客様が、「きちんと対応してくれた」という理由で、「以前よりもその会社の印象がよくなった」「ファンになった」というケースも実際にはよくあります。お客様に「もう一度利用してみよう」と思っていただけたら、あなたのクレーム対応は花マルです。

クレーム電話　応対の基本

POINT 1 話をよく聞く

お客様の話をしっかり聞きながら、メモをとる。「お客様が何に対して怒っているのかを把握することが重要。

〈応対例〉「おっしゃるとおりです」……共感を表す
「大丈夫でしたか？」……相手を気遣う
このような言葉をかけることで、お客様に「ちゃんと聞いてくれている」「わかってくれている」という安心感と信頼感を与えることができる。

POINT 2 お詫びをする

こちらに非があるかどうかわからないうちは「謝罪してはいけない」という欧米流の考え方もあるが、お客様を不快な気持ちにさせてしまったことは事実。それに対するお詫びの気持ちはきちんと伝える。ただし、事実確認ができていないうちに「すべて当社の責任です」などと全面的に非を認め、謝罪するのは避けること。

〈応対例〉「ご迷惑をおかけして、大変申し訳ございません」
「ご期待に添えず、申し訳ございませんでした」

クレーム対応でやってはいけないこと

×反論や言い訳

一方的に文句を言われると思わず言い返したくなることがあるが、かえって逆効果。相手の要求がわからなければ、適切な解決策を見つけることはできない。まずは、クレーム内容の聞き取りに集中する。

×待たせる

イライラしている時に、待たされたりたらい回しにされれば、誰だって怒り心頭、収まるものも収まらなくなるもの。事実関係の把握や対応方法の確認に時間がかかるようなら、電話を保留にして待たせるのではなく、折り返し電話をかけ直すようにする。

×いい加減なことを言ってごまかす

責任の有無や適切な対応方法がわからないのに、勝手に判断していい加減なことを言わないこと。さらに大きなクレームに発展してしまう可能性あり。
わからないことは、自分で判断せず上司や先輩に確かめてから対応する。

×NGワード集　「わかりかねます」「それは違います」「そんなはずはありません」「そうおっしゃられても……」「それはできません」

8 携帯電話のマナー

電話と一緒に、配慮も携帯！

Check Point !

- □ 仕事中はマナーモードにする
- □ 会議など重要な席の前には、電源を切る
- □ 携帯へかけた時、「今、よろしいでしょうか?」とひと言尋ねる

要注意！　意外に多いマナー違反

携帯電話は、今や、ビジネスパーソンの必需品です。しかし、便利さゆえに、つかい方を誤ると、トラブルの原因にもなる「諸刃の剣」でもあります。

ビジネスで電話をかける場合、基本は「会社の固定電話から、相手の会社の固定電話にかける」です。便利だからと、つい携帯電話に手が伸びるかもしれませんが、携帯電話はあくまで緊急用と頭に入れておきましょう。

「どこにいてもやり取りができる」「取り次ぎの手間なく直接話せる」など携帯電話には多くのメリットがありますが、その分、電話を受ける側から見ると、いつでもどこにいても「お構いなしにかかってくる」という印象になりがちです。

そのため、たとえ相手が携帯電話に出たとしても、いきなり用件を話し出すのはマナー違反。「今、お話ししてよろしいでしょうか？」とひと言断りを入れ、相手がOKした後に用件を切り出すようにしましょう。

なお、最近は会社が社員に仕事用の携帯電話を支給するケースが増えており、会社によってルールが異なる場合があります。社内のルールを確認して、それに準じて携帯電話を使用しましょう。

携帯電話の基本マナー Check Point

基本マナー

- □ 自分がつかう携帯電話の機能やつかい方はしっかり把握しておく
- □ 仕事中は、マナーモードにしておく
- □ 会議や商談など重要な席の前には、電源を切る
- □ 情報漏えい、周囲への迷惑などを考慮し、話し声の大きさに注意する
- □ 留守番電話はまめにチェックする

相手の携帯電話にかける時のマナー

- □ かけていいのは、基本的には緊急時のみ
- □ 用件を切り出す前に「今、お話ししてよろしいですか」とひと言尋ねる
- □ 留守番電話にメッセージを残す際は、社名、部署名、名前を最初に告げ、「のちほどかけ直します」と入れておく

自分の携帯電話からかける時のマナー

- □ うるさい所は避け、静かで電波の状況がよく、落ち着いて話せる場所からかける
- □ 「携帯電話から失礼します」と最初にひと言断る
- □ 電波が悪く途中で切れた場合は、こちらからかけ直す
- □ 重要な話をしなければならない時は、携帯電話をつかわない

自分が携帯電話で受ける時のマナー

- □ 社名と名前を名乗る
- □ 移動中などでゆっくり話せない場合は、状況を説明し「のちほどかけ直します」と伝える

こんな時どうする?

CASE 1 打ち合わせ中に携帯電話が鳴り出したら

打ち合わせの相手にお詫びして、電源を切る。相手から、「どうぞ電話に出てください」と言われた場合は、「申し訳ございません」とひと言謝ってから電話に出て、今の状況を手みじかに電話の相手に伝え、「のちほど、こちらからかけ直します」と告げて電話を切る。ただし基本は打ち合わせ前に電源 OFF またはマナーモードに。

CASE 2 打ち合わせ中に、出る必要のある電話がかかってくる場合

打ち合わせの相手に「緊急の電話が一本入る可能性があります。申し訳ないのですが、その時は電話に出てよろしいでしょうか？」と最初から断っておくこと。

CASE 3 電話取り次ぎの際に、不在の人の携帯番号を聞かれたら

携帯番号を知っていても、本人に無断では教えないこと。
電話をかけてきた相手には「こちらから折り返しお電話差し上げます」と告げ、会社名、名前、電話番号を聞き、名指し人に伝える。

9

指示の受け方・報告のしかた

明るく、元気に、テキパキと！

Check Point !
- 上司に呼ばれたらすぐに返事をして、手帳とペンを持って向かう
- 5W3Hでメモをとる
- 仕事の進捗状況や終了を、聞かれる前に報告する

やる気を見せ、信頼を得るチャンス！

仕事は、上司の指示に始まり、上司への報告で終わります。

組織の中では、自分の都合や判断で勝手に進めていい仕事は、1つもありません。与えられた仕事をきちんと遂行するためにも、まず上司の指示をしっかりと聞くことが大切です。

上司に呼ばれたら、まず「はい」と明るく元気のいい声で返事をし、手帳とペンを持って、速やかに上司の席まで行ってください。そしてメモをとりながら、上司の話を最後までよく聞きます。指示を受けたら、言われたことを正確にスピーディーに実行しましょう。明るい返事とテキパキした行動、すぐに取り組む姿勢は、あなたのやる気を上司に示す絶好のチャンスです。

また、「仕事は上司に報告して初めて終了する」と頭に入れておいてください。あなたが仕事を終えた時点イコール終了ではありません。上司から「あの件はどうなった？」と聞かれ、慌てて報告する人を見かけますが、これはNGです。報告は上司から催促される前にするのがポイントです。報告がしっかりできる部下を上司は信頼します。テキパキした積極的な態度と自主的でタイムリーな報告で、あなたのやる気を上司にアピールし、信頼を勝ち取ってください。

上司から仕事の指示を受ける

STEP 1　上司に呼ばれたら、明るく元気に返事をする

返事はただ「聞こえました」というものではなく、あなたのやる気を伝えるものと考えて。

POINT　上司があなたの席へ来て話しかけてきた場合は、作業中であっても立ち上がって指示を受けるのがマナー。近くのイスが空いているようなら上司に勧め、お互い座って指示を受ける方法もある。

STEP 2　手帳とペンを持って、すぐに上司の席へ向かう

人の記憶はあいまい。すぐメモをとれるよう準備していく。必要に応じて資料やカレンダーなども持参するとよい。

STEP 3　メモをとりながら話を聞く

要点を確実に把握するために、5W3Hでメモをとりながら聞く。

5W3Hとは

Who	誰が、誰に	Where	どこで、どこに	How	どのように
What	何を	Why	何の目的で	How many	どのくらい（数字）
When	いつまでに			How much	いくらで（金額）

STEP 4　上司の話を最後まで聞く

上司は、順序立てて話をしているはず。質問は、上司の話が終わってからに。

POINT「質問してもよろしいでしょうか？」とひと言断りを入れる。

STEP 5　復唱・確認をする

あなたが指示を正しく理解できたかどうかを確認するため、ポイントを復唱する。よくわからないまま仕事に着手することがないよう、ここでしっかり確認を。

POINT　指示を受けた相手が自分の直属上司でない場合は、直属上司に「指示を受けたこと」をきちんと報告し、状況を把握してもらうこと。

報告のポイント

POINT 1 指示した本人に直接報告する

指示した人が「不在だから」「苦手だから」と報告を怠り、ほかの上司・先輩に報告するのはNG。

POINT 2 事実を正確に伝える

自分の推測や感想、私情を交えた報告は正確な報告とは言えない。事実をありのまま伝えるのが原則。もし自分の所感を入れるのであれば、「私の意見ですが、よろしいですか？」とひと言断ってからにすること。

POINT 3 5W3Hに基づいた報告をする

報告をする場合も、「誰が」「何を」「どこで」「いつまでに」「なぜ」「どのように」「いくつ」「いくらで」といった5W3Hを意識しながら伝えること。

POINT 4 結論を先に伝える

報告は「結論、結果」「理由」「経過」の順に行うのが基本。時系列を追ってだらだらと説明せず、まず結論を先に伝え、その後、結論に至った理由を述べてから、詳細な過程を補足する。

POINT 5 必要に応じ中間報告をする

仕事が終わるまでの期間が長い場合は、途中で進捗状況を報告すること。そうすれば、上司は状況把握がしやすく、アドバイスをもらうこともできる。

CA-STYLE流 +1

誰のため、なんのため

「指示されたからしかたなくやる」では、仕事に対して「やらされ感」しか持てず、仕事を楽しむことができません。

もちろん仕事の中には、自分の意思に反してやらなければならないこともありますが、実はどんな仕事も、あなたの中のイマジネーション（想像力）とクリエイティビティー（創造力）を総動員して取り組むことが可能なのです。

仕事を楽しむコツは、日々の仕事の中にどれだけ喜びを感じられるかです。そのためにも、「その仕事を誰のために、なんのためにするのか」、つまり仕事の目的をきちんと理解した上で行うようにしましょう。

こんな場合はどうすればいい?

CASE 1 上司に呼ばれたが、手が離せない

電話応対中・来客応対中など、上司の呼びかけにすぐに応じられない場合は、電話をいったん保留するなどして、手みじかに状況を上司にわかってもらおう。

〈応対例〉「ただいまお客様からの電話に応対中ですので、少々お待ちいただけますか？」

CASE 2 上司の指示どおりには進められそうもない

先に受けていた指示とスケジュールが重なってしまう場合など、ほかの仕事との関係上、指示どおりに仕事進められそうもない場合は、その状況をきちんと上司に説明し、優先順位の判断ややり方の指導を仰ぐこと。

※「本日は私用のため、定時に帰りたい」など個人的な理由で指示を断るのは、できれば避けたいもの。個人的な事情は、指示を受ける以前に、早めに上司に相談しておくのがGOOD。

できる状況ではないのに「できます」と受けるのはNG。

CASE 3 自分の意見を提案したい

上司の話を最後までよく聞いた上で、あなたに意見がある場合は、積極的に提案するとよい。建設的な意見を謙虚な態度で提案する姿勢には、好感が持てるもの。

CASE 4 直属の上司や教育係以外から指示を受けた

会社には部長、次長、課長、係長……といった指示・命令系統がある。
あなたの直属の上司が係長である場合、課長から直接仕事を指示された時は、係長にその旨を報告しておくこと。また、教育係の先輩にも報告する。他部署の上司・先輩から指示を受けた場合も同様。

CASE 5 指示どおりに仕事が進まない

自分だけでなんとかしようと抱え込まず、早めに上司に相談を。「期限に遅れそうな時」「判断に迷った時」「ミスやトラブルが生じた時」なども同じ。

10

始業時の業務マナー

始業時間は、仕事の準備完了時間

Check Point !

- □ 時間に余裕を持って出社する
- □ 始業時間前に1日のスケジュールを確認する
- □ 毎朝、部署内・デスク回りなどの清掃を心がける

段取り八分

「段取り八分」という言葉をご存知ですか？　仕事を進める上で、事前の準備がいかに重要かを表した言葉で、段取りをきちんとしておけば、その仕事は8割完了したも同然であるという意味です。朝の時間は、まさにこの段取りをする時間です。

始業時刻は会社に着く時刻ではなく、仕事を始める時刻です。気持ちよく仕事に取りかかれるよう、時間に余裕をもって出社し、仕事の準備や仕事をする環境をしっかり整えましょう。

CA-STYLE流 +1

朝の活用のしかたで未来が変わる!?

最近は、朝の時間を有効活用する人が増えてきているようです。満員電車に揺られて出社時間ギリギリに到着するのではなく、電車が混む前に出かけて、会社近くのカフェや会社で、勉強をしたり読書をしたり、「パワーモーニング」と称してビジネスパートナーと朝食を兼ねた打ち合わせをしている方をよく見かけます。「朝活」をしている人達の間では「以前より1日が充実している」「仕事の効率が上がった」などという声も多く聞かれます。この機会に、朝のつかい方を考え直してみるのもいいですね。

始業前にやるべきこと6

1　1日の予定を確認する

仕事の予定は前日に確認するのが基本だが、出社した時も1日の仕事のスケジュールやタスクなどを確認する。
併せて、年間・月間・プロジェクトごとなどのスケジュールも確認しておけば、段取りの漏れを防ぐことができ、業務も効率よくこなすことができるようになる。

2　備品、OA機器をチェックする

みんなが仕事しやすいよう、必要な備品が足りているか、定位置にあるかなどをチェック。コピー機、FAXなどの機器の電源を入れたり、用紙が切れていたら補充しておく心づかいを。

3　職場環境を整える

自分のデスクの上を整理整頓するのはもちろん、できれば部署内や給湯室など、よくつかうところの掃除やチェックも自分から進んでやるとGOOD。きれいに整理された環境で仕事に取りかかると気持ちいいもの。

4　洗い物やお茶の準備をしておく

新人ならば、食器の洗い物やお茶の準備などもしておくのがおすすめ。給湯室のポットのお湯補充なども進んで買って出るとGOOD。

5　始業時間には着席していること

始業開始時間には着席して、業務に取りかかれるようにしておく。
早く出社していても、うろうろして始業時間に仕事が始められないようでは問題あり。朝礼などを行っている会社の場合は、所定の場所に早めに向かう。

6　取引先からのメールチェック

急な変更やトラブルに迅速に対応できるよう、早めにチェックを。
決まった時間にメールチェックする習慣をつけることで、チェック漏れや連絡ミスの防止になる。

11

終業時の業務マナー

明日の準備をすませてから帰宅しましょう

Check Point !

- □ 毎日退勤前に、上司・メンバーに自分の仕事の進捗状況を伝える
- □ デスク周りをきれいにしてから退勤する
- □ 残業する時は、区切りを決めてする

帰る前に、もう一度周りを見渡そう！

退勤の際に、絶対にやってはいけないことがあります。それは、終業時刻以前に帰り支度を始めることです。あくまで仕事を終える時刻が終業時刻ですから、終業時刻まではきちんと働き、帰り仕度はその後行います。どんなに早くても、退勤するタイミングは、終業時刻の５分後です。

もちろん、まだ仕事が残っているのに「時間だから」と退勤してしまうのはNGです。これでは、まだ一人前の社会人とは言えません。確かに会社の就業規則には反していないかもしれませんが、マナー違反です。帰る前にもう一度周りを見渡し、オフィスやデスクの整理や、ほかに手伝うべき仕事がないかどうかなど、確認するようにしてください。

退勤時間は、その日の仕事の進捗状況や、あれば問題点、また明日以降の仕事のプランニングなど、上司や部署内のチームメンバーとの重要なコミュニケーションの時間でもあります。これは、外出先から直帰する場合も同じです。

対面・電話・メール・メモなど、状況に応じて手段は変わるかもしれませんが、必ず上司やチームメンバーへ報告・連絡・相談・確認を行ってから退勤するようにしましょう。

帰る前にすることリスト

STEP 1

今日の仕事の振り返り

その日の仕事は中途半端なところでやめず、終わらせるのが大原則。期日や納期がまだ先だとしても、その日に予定していた仕事を先延ばしにしない。

- □ 今日の仕事の進捗状況の確認
- □ 期日のかかる仕事の場合は、明日以降の計画づくり

STEP 2

明日の仕事の準備

翌日、スムーズに仕事に取りかかれるように、スケジュール確認と同時に、使用する資料や書類なども準備しておく。

- □ 明日の自分のスケジュール確認
- □ 明日の仕事のタスク確認
- □ 外出に持参する資料などの用意
- □ 行動予定表の記入

STEP 3

報告・連絡・相談・確認

上司に仕事の進捗具合を報告し、翌日のスケジュールを確認する。チームメンバーとも同様に。上司が不在の場合でも、メモを残すなど、必ず連絡をとるようにする。

POINT 仕事の遅れやトラブルは、自分だけで対処しようとせず、速やかに上司に報告・相談し、早く改善策を見つける。

- □ 上司・チームメンバーに報告
- □ 必要に応じメモを残す
- □ 明日のスケジュールを上司・メンバーに確認

STEP 4

整理整頓

今日つかったもの・出たゴミは、その日のうちに片付ける。散らかり放題のデスクは、忘れ物やチェックミスの原因になるだけでなく、社外秘の情報・個人情報保護の観点からも問題あり。

- □ デスクの整理・整頓
- □ カップや灰皿、ゴミ箱の後片づけ
- □ 書類や資料の整理
- □ 事務用品の整理・整頓
- □ 重要書類は鍵のかかる引き出しまたはキャビネットへしまう

STEP 5

退勤のあいさつ

会社は組織で動いている。帰り支度を始める前に「何か手伝うことはありますか？」のひと言を周りの人にかけるようにする。
最後に帰る場合は、機器の電源を落とす・照明を消すなど、会社のルールに従い点検や確認を行う。

- □ 「何か手伝うことはありますか？」の声かけ
- □ 「お先に失礼します。お疲れさまでした」のあいさつ
- □ 必要に応じ、オフィス内の点検

こんな場合はどうすればいい?

CASE 1 出先から直帰する場合

「直帰」は、取引先などから会社に戻らず、直接自宅に帰ること。
直帰にもルールがあるので、しっかり頭に入れておくこと。

POINT 1 寄り道しない

当たり前のことだが、途中で寄り道したり、私用を済ませたりするのはNG。
予定より早く外出先での業務が終わった場合は、上司の指示を仰ぐこと。

POINT 2 会社に連絡

初めから「直帰予定」で外出した場合も、外出先で業務が終わったら、必ず会社に報告を兼ねて一報を入れる。同時に、自分宛に連絡や伝言が入っていないか確認を。

POINT 3 急な直帰は上司の許可を得てから

外出先での業務が予定より遅くなり終業時間を過ぎた場合など、自分で勝手な判断はしないこと。必ず上司の許可を得てから直帰すること。
※急な直行（自宅からそのまま出先に行くこと）の場合も、上司の許可を得ること。

CASE 2 残業をする場合

就業時間内に仕事を終わらせるのが大原則。とはいえ、仕事の進捗状況や突発的な事情で残業をしなければならないこともあるもの。そんな時は上司の許可を得て残業する。いつも残業をしていると「がんばっている」と見られることもあるが、「仕事が遅い」と評価を落としてしまうこともあるので注意。

POINT 残業は区切りを決めてやる

残業するときには、「今日はここまで」「何時までにやる」といった目標や区切りを明確にしておこう。

CASE 3 上司からの残業依頼を断りたい

「無理です」と断る前に、なぜ上司はあなたに頼んだのか、考えてみること。「あなたを信頼しているから」かもしれないし「今日中に仕上げなければならない仕事があるから」かもしれない。帰りたい理由と残業を頼まれた状況とをよく検討すること。
それでも、帰らなければならない場合は、「明日の朝、早く来て手伝います」などの代替案を提示するのも一案。

POINT どうせやるなら気持ちよく

最終的に残業依頼を受けることになるのなら、余計な文句は口にせず、快く受けるとGOOD。

CASE 4 残業できない事情がある場合

予め上司にその旨を伝え、その上で今日中に終わらせる仕事はきちんと終わらせる、ほかの人に引き継ぎをしておくなど、周りに迷惑がかからない配慮を。どうしても仕事が中途のまま帰らなくてはならない場合は、「今日はどうしても残れないのですが、明日の朝、早く出社して間に合わせます」など、あなたのやる気を伝えるようにする。

CASE 5 先に帰りづらい

部署のみんなが残業している中、先に帰るのは気がひけてしまうもの。しかし、仕事もないのに残っているのは不自然な上、労務管理上、迷惑になることも。自分の仕事が終わったら、「終わりました。あとは何をすればよろしいでしょうか？」と、上司やチームメンバーに聞いてみるのが GOOD。「大丈夫。もういいよ」と言われたら、気持ちよく帰ることができる。

CASE 6 上司や先輩からお酒に誘われた

お酒の席では、職場ではわからなかった上司・先輩の意外な一面が見られたり、お互いの共通点が発見できたりと、メリットがたくさんある。断らなければならない事情が特になければ、参加してみるのがおすすめ。
もし、あなたがお酒に弱いのであれば、予めそのことを伝えておき、ソフトドリンクで対応するのでも十分。
事情があって断る場合でも、「誘っていただいてありがたいのですが、あいにく今日は……」と、相手に対する感謝・配慮の気持ちを忘れずに伝えるようにしよう。上司や先輩は、単にお酒を飲みたいから、あなたを誘っているわけではなく、あなたのことをより深く理解しようとしてくれているということを忘れずに。

POINT　コミュニケーションの機会と捉える
組織内のコミュニケーションを深めることは思う以上に重要。いい機会を提供してもらったと考えよう。

CA-STYLE流 +1

ポイントはメリハリです！

仕事を覚え、会社に慣れてきたら、帰っても大丈夫か、手伝ったほうがいいのか、状況を見て自分で判断できるようになってくるものです。それができるようになれば、しめたものです。
仕事は時間内に集中して終わらせる。残業をしなくてすむ状況なら遠慮なく帰宅する。逆に、誰かが困っていたら協力する。残業をする時は嫌な顔せず、快くやる——
周囲とうまくやりながら、自分の時間も大切にするためにも、メリハリのある勤務態度を身につけましょう。

12

急な欠勤・遅刻・早退時のマナー

すぐに電話連絡を！

Check Point !

- 会社ごとの欠勤・遅刻・早退の連絡ルールを把握しておく
- まず素直に迷惑をかける（かけた）謝罪をする
- 出勤したら、周りの人にお詫びとお礼をきちんと伝える

欠勤・遅刻・早退の考え方

会社はチームで動いています。欠勤・遅刻・早退もあなたひとりのことではすみません。予めわかっている場合は、早い時期に、遅くとも前日までには上司の許可を得て、仕事のスケジュールを調整した上で、部署のチームメンバーにも必要事項を伝えておくのが当然の義務です。

しかし人間ですから、体調不良や家庭の事情などの理由で、時には急な欠勤・遅刻・早退も起こります。そんな時は、すぐに会社へ連絡を入れましょう。そうすれば上司やチームメンバーは、あなたの抜けた穴をどう埋めるか、考える時間をとることができます。深夜や早朝に上司へ電話するのはマナー違反ですが、始業時刻を過ぎてから欠勤、遅刻の連絡をするのもNGです。「始業時間前に」「直接、上司へ」「電話連絡」が、一般的な原則です。

「休むのは悪いこと」というわけではありませんが、本来職場にいて仕事をすべき人間がいないという事実、「仕事に穴を開けた」ということに対しては誠意を持って対応すべきです。仲間や会社に迷惑をかけたという気持ちがあれば、次に出社した際にお詫びのひと言と、代わりに業務をしてくれた人へのお礼のひと言が自然と出てくるはずです。

欠勤・遅刻・早退　連絡のポイントと注意点

POINT 1 直属の上司に直接、連絡

ほかの誰かに伝言を頼むのはマナー違反。ただし、会社によって独自のルールがある場合もあるので、予め「誰に連絡するのか」を確認しておくこと。

POINT 2 電話連絡が原則

一般的には、メールでだけ連絡するのはマナー違反。

POINT 3 すぐに連絡

深夜や早朝に電話するのはマナー違反だが、遅くとも始業時間の前までに連絡を。

CASE 1 欠勤する時

体調不良や身内に不幸があったときなど、急に会社を休まざるを得ないことがあるもの。前日のまだ遅くない時間に休まなくてはならないことがわかり、上司へ連絡できる状況ならば、早急に連絡すること。
休み明けの出勤日には、上司や同僚にひと言お詫びすることも忘れずに。

CASE 2 遅刻する時

どんな理由であれ遅刻しそうな時は、すぐ会社に電話連絡を入れるのが原則。連絡なく始業時に不在では、周りへ余計な心配をかけることにもなる。
電話では、長々と事情説明せず、まず謝罪の言葉、そして、何時頃の出社見通しかを伝えること。
また出社後は、こっそりデスクにつくのではなく、まず上司のところへ行き、きちんとお詫びしてから業務にとりかかるようにすること。迷惑をかけた人にも同様に謝罪を。

CASE 3 早退する時

体調の急な悪化・身内のトラブルなど、急に早退の必要が生じたときは、すぐに上司に事情を話し、許可を得ること。
その際、必要に応じ、きちんと仕事をほかの人に引き継いでから帰ること。

CA-STYLE流 +1

有給休暇をとる時は早めに連絡

「明日、有給休暇をください！」と急に申し出るのはマナー違反です。有給休暇をとる場合は、できるだけ早めに申請しましょう。なぜなら、チームで仕事を進めている以上、プロジェクトの進捗状況やほかの人と休みが重なっていないかなど、調整が必要だからです。有給休暇を取る日が決まったなら、上司だけでなく、周りの人にひと言伝えておくのもマナーです。

13

基本のデスク回り

仕事がはかどる！
デスクの整理術

Check Point !

- □ デスク上に作業できるスペースを広く確保する
- □ すべての物の定位置が決まっている
- □ 自分の体形に合わせ、イスの高さを調整する

いい仕事は環境から！

デスク回りは、レストランでいえば調理場のようなもの。調理器具が雑多に置かれ、調理するスペースまで物があふれかえっている調理場で、いい料理が作れるわけがありません。

オフィスのデスクもそれと同じです。今にも雪崩をおこしそうなほど物が積まれ、「あの書類はどこに置いたっけ？」「ハサミが見当たらない」では、効率のいい作業はできません。なんといっても探し物は、精神的にもイライラし、一番の時間の無駄です。

「整理整頓が苦手で……」は、職場では通用しません。デスクは会社からの貸与品で私物ではありません。整理整頓の行き届いていないデスクは、見た目も悪く、必要なものがすぐ取り出せない、物をなくしやすい、作業スペースが狭く効率が悪いなど、会社にとってもあなたにとっても、いいことはひとつもありません。

要らないものは予め置かない。不要になったものはすぐに捨てる。文具や備品、資料、書類にはすべて定位置を設け、出したら元に戻す。このように、デスク回りを整理された状態に保つためにはルールがあります。仕事がはかどる基本的なデスクのつかい方をご紹介しますので、ぜひ参考にしてください。

仕事がはかどる！ 基本のデスク回り

1 置いていいもの（基本）
パソコン、電話機、メモ帳、ペン

2 電話の横にはメモ帳とペン
いつでもメモがとれるよう準備しておく。

3 ファイル類は立てておく
取り出しやすさを重視した置き方をする。

4「未処理ファイル」のトレーを置く
未処理・処理中の書類は、ほかと区別しておく。

5 あると便利な「とりあえずBOX」
書類以外の「どこに分類すればいいかわからない」ものは「とりあえず BOX」へ入れておき、後で整理。デスクの上が散乱するのを防ぐ。

6 ゴミ箱を足元に置く
不要なものをいつでも捨てられるようにしておく。

7 高さを調整したイス
健康のためにも、自分の体形に合わせて高さを調節しておくとよい。

POINT 1 すべての物の定位置を決めておく

よくつかうものから手元近くに置く。つかったら所定の場所に戻す。

POINT 2 余計なものは置かない

公的なスペースであることを心得、私物は置かない。

POINT 3 書類などを広げたままにしない

終わった仕事の書類をそのままにしておいたり、２つ以上の仕事の書類を一緒に広げない。

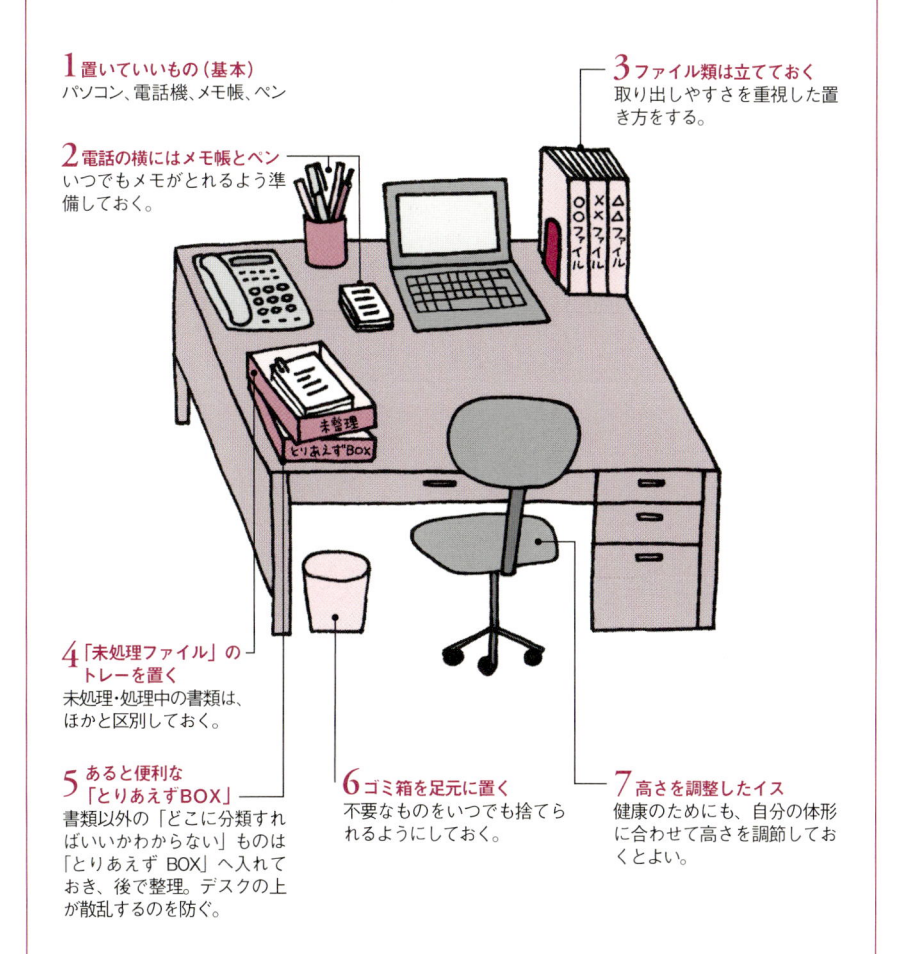

整理整頓　4つのポイント

POINT 1 要らないものは捨てる

整理整頓で一番大切なことは「捨てること」。最初は「要るもの」「要らないもの」の判断が難しいかもしれないが、仕事を覚えるのと並行して判断できるようになるもの。
職場では「物が増える＝仕事の生産性が落ちる」と考えて。物が整理できないということは、頭の中も整理できていないということ。要らないものを捨てれば、頭の中もデスクの上もすっきり。

「要る？ 要らない？」の判断ポイント

1 「要らない」「なくても困らない」ものは、すぐその場で捨てる
2 壊れたものは捨てる（修理が可能な場合は修理する）
3 つかっていないもの、つかうあてのないものは捨てる
4 存在を忘れていたものは捨てる
5 棚・引出しなど、保管場所があふれたら捨てる
6 資料、書類などの最新版以外は捨てる

POINT 2 必要なものは、すぐに処理する

必要なものはすぐに処理し、所定の場所に保管したり、必要な人や場所に届けるようにする。
必要な書類はファイルに綴じたり、次の担当者に回すなど、自分のデスクの上に置いたままにしないことが大切。

POINT 3 不要なものをそもそも作らない

「捨てる」という行為は、実はものすごく時間とエネルギーをつかうもの。無駄に悩まなくていいように、捨てる以前に、余計なものは増やさないのが肝心。
例えば、無駄な資料は作らない、無駄にコピーはとらないなど。エコにもつながり経費も削減できて、一石三鳥！

POINT 4 すべてのものに居場所を与える

必要なものは、保管する所定の場所や定位置を決め、出したらそこに戻すよう心がける。カテゴリー別に分けたり、よくつかうものから手前に置いたりしておけば、むやみに探す手間も省け、きれいな状態をキープできる。
また、こうしておけば、補充が必要な物も一目瞭然。文具や消耗品も事前に適量を無駄なく補充できるため、「ペンのインクが出ない！」「メモ用紙が切れた！」などと慌てることもなくなる。

探し物をするときの手順

「あれ? ○○がない」と思ったときは

STEP 1

いきなり探し出す前に、まず大きく深呼吸しよう。

STEP 2

次に「最後につかった（見た）のはいつか」を思い出し、その付近を動線に沿って探す。このプロセスを踏めば、イライラする前にだいたい見つかるもの。

STEP 3

もしそれでも見つからない場合は、いったん探すのをやめるのも手。焦っても時間ばかり過ぎイライラも MAX ……と、あまりいいことはない。そんな時は潔く代用品を探したり、新しく作るなど、気分を変えて対応することがポイント。

CA-STYLE流 +1

ちょっとした工夫で、仕事を楽しく

よくつかうものをお気に入りのもので揃えるだけで、楽しく仕事にとり組めます。ボールペンやメモ帳、クリップなど、デザインやつかい勝手にこだわって揃えてみてはいかがでしょうか。

お気に入りのものをつかうとテンションが上がるだけでなく、紛失や忘れ物もしなくなるという思わぬメリットもあります。たとえどこかに忘れていたとしても、「これ○○さんのじゃない？」と返ってくることが増えます。仕事でつかうものですので、職場の雰囲気にそぐわない派手なデザインは NG ですが、常識の範囲で自分らしさを演出してみるのもいいでしょう。

14

書類とデータの管理

書類・データ管理のカギは「整理整頓」

Check Point !

- カテゴリー別に管理する
- 誰でもわかるタイトルをつけて保管（保存）する
- 不要になった書類はシュレッダーにかけるなど、情報が漏れないよう注意する

紙・空間・時間―― 3つの無駄をなくす意識を持つ

書類管理に悩まされる人の多くは、整理整頓が苦手です。渡された書類はとりあえず机の上に積み上げて……。これでは、雑多な書類がデスク上に散乱し、必要な時に必要な書類をすぐに取り出せない、チェックミスや報告漏れ、あげくの果てには書類の紛失など、業務上さまざまな支障をきたします。手のつけようがなくなる前に、日頃からの整理整頓を心がけましょう。

最近ではペーパーレスを推進する会社も多くなりました。パソコンで作った書類を印刷する前に、紙にする必要があるかどうか、もう一度考えましょう。

取引先へ書類を送る時も、紙とデータどちらがいいか先に確かめることで、無駄が省け、先方にも喜ばれることが意外とあります。パソコンで作った書類を印刷し、封筒に入れ、宛名を書き、配送業者へ出す――この場合の手間やコスト・スピードと、データで送った場合とでは歴然とした差があります。

書類を送ってもらう側も同様で、データで送ってもらったほうが手元に早く届く上に、保管場所の確保やシュレッダーにかける手間を省けます。

自社と先方の慣例は尊重しながらも、できる範囲で紙・空間・時間の無駄をなくすことで、シンプルな書類管理ができ、コスト削減にもつながります。

書類の整理＆管理　6つのルール

大量の書類をいかに整理、管理するかは、ビジネスパーソンとして大きな課題。いざという時、「あの書類どこいったかな？」とならなくてすむように、管理のポイントを押さえましょう。

RULE1

書類はカテゴリー別にきちんと分ける

さまざまな種類の書類を扱うコツは、分類して保管すること。

POINT　使用頻度の高いものは取り出しやすい場所に置く

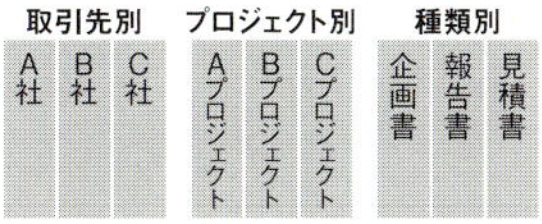

RULE2

誰が見てもわかるタイトルをつける

あなたが休んだり外出している時でも、ほかの人が見てすぐわかるようなタイトルを、ファイルにつけておく。

POINT　タイトルは表紙だけでなく、必要に応じて背表紙にもつけるなどのひと目でわかる工夫を

RULE3

できるだけ紙で残さない

整理整頓するには、できるだけ紙で残さないようにするのが大きなポイント。バックアップに注意を払えば、データだけで残せるものは相当あるはず。

POINT　新旧のデータを取り違えないように古いデータは速やかに処分する、インターネットで検索できる情報は使用頻度が高いもの以外データ保存しないなど、データ書類も増やさない工夫を

RULE4

「未処理トレー」で処理漏れをなくす

「うっかり見落とした」なんてことがないように、まだ処理が完了していない書類専用のトレーやファイルを用意して、いったんそこに振り分けるようにする。

POINT　「処理済み」になったら、その日のうちに所定の保管場所へ移す

RULE5

定期的に捨てる

保管してあるファイルは定期的にチェックして、不要なものは処分する。「いつか必要になるかもしれない」からと残しておくと、必要な書類が埋もれてしまう。

POINT1　書類の処分にはシュレッダーをつかい、個人情報や機密情報が漏れないように十分注意を

POINT2　法律や社内ルールなどで残しておかなければならない書類は、個人で管理せずに社内共有の保管場所を決めて管理する

RULE6

ファイルは立てて保管

ファイルを横に重ねていくと下のものが取り出しにくく、無理に取り出すと雪崩のように崩れてしまうことも。取り出しやすさを考えて、ファイルは立てて並べる。

POINT　引き出しにファイルを収納する時も、横積みしないこと

パソコンのデータ管理　4つのルール

書類のほとんどが電子化されている今日、パソコンのデータ管理は、紙の書類と同様、重要な仕事に。整理と管理の考え方は、紙の書類と基本的には変わりません。

RULE1 フォルダを作ってカテゴリー別に分類する

パソコンの「ドキュメント」、または自分で作った「フォルダ」にデータを分類して保管する。

POINT1 自分の頭の中を整理するようにフォルダを作る。たとえば、営業職なら「取引先宛書類」というフォルダに「A社」「B社」とさらにサブフォルダを作るなど、自分なりにわかりやすい方法を見つけるとよい。

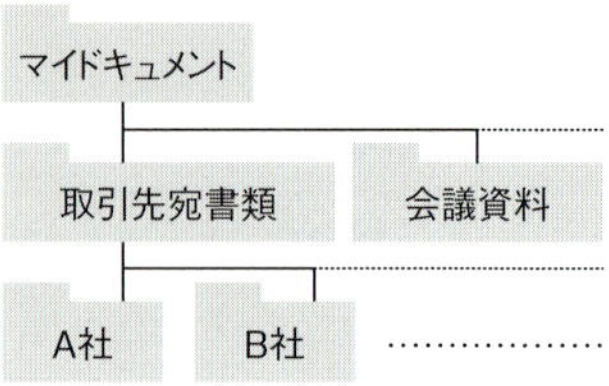

RULE2 すぐに移動する、すぐに削除する

新しいデータを作ったり、受け取ったりしたら、すぐにフォルダへ移動を。また、古くなったデータや要らないデータはすぐに削除する。

POINT2 「後でやろう」はミスの元。データ整理の基本の流れを作り、常にそれに従うのがコツ。

RULE3 すぐに見つけられるタイトルをつける

紙の書類と同様に、誰が見てもわかるタイトルにする。

POINT3 さらにデータの場合、書類を作成した日付をタイトルの最初に入れる（2012年4月1日なら「120401」）と、フォルダ内に新しい順に並び、見つけやすくなる。

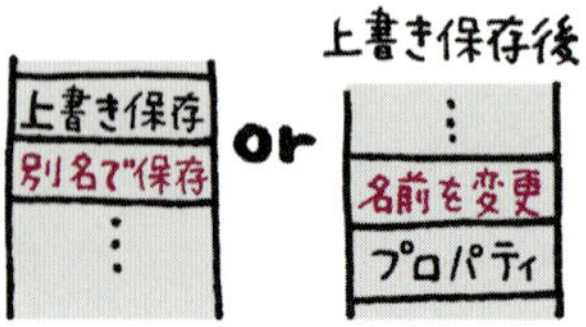

RULE4 バックアップする癖をつける

「せっかく作ったデータが消えた！」「突然パソコンが壊れた！」なんていうアクシデントが、案外頻繁に起こるもの。書きかけのデータはまめに「保存」する、重要なデータはパソコンが壊れた時のことを想定して、自分用のパソコンとは別のハードディスクやUSBメモリなどに保管するように癖をつけること。

POINT4 情報漏えい防止のため、バックアップ用のUSBメモリなどはむやみに持ち歩かないこと。会社のルールに従い、鍵のかかる引き出しに保管するなどの措置を。

メール整理 3つのルール

現代のビジネスパーソンにとって、メール処理は必要不可欠な業務。次から次へと送られてくるメールを放っておくと、すぐ「受信トレイ」にいっぱいになり、返事をしたメールとまだしていないメール、必要なメールと不必要なメールが入り混じり、「肝心な時に必要なメールを探せない」「返事をし忘れた」などということになりかねません。
メールの処理と整理は、紙の書類や書類データ同様に重要だと心得ましょう。

RULE1 不要なメールはすぐに削除

件名を見ただけで、不要とわかるものは開かずに削除。目を通して不要と判断したものも、すぐその場で削除する。

- このような不要メールが来ないようにすることも大切。迷惑メールは、振り分け機能をつかって、迷惑メールのフォルダに行くように設定しておく、広告メールなどは登録を解除するなど、予め設定・処理しておくことで日々の作業時間がぐっと短縮できる。
- なお、迷惑メールフォルダは、その日のうちに「フォルダを空にする」で削除しておくとよりすっきり。

RULE2 相手先別のフォルダに分ける

受信トレイはもちろん、送信済みトレイにもメールを置いたままにしないこと。
メールのやり取りが多い相手は、受信トレイ・送信済みトレイ内に「A社」「B社○○様」などのフォルダを作り、分類する。
「あの時のメールに、確か書いてあったはず」など、あいまいな記憶をもとに後で確認したい場合に、誰から（誰へ）のメールか分類しておくと探しやすく便利。

- 1つのカテゴリーを作るほどのやり取りがない相手からのメールに関しては「その他」というフォルダを作ってまとめて保管する。
- このように、読んだメール・返信したメールは、受信トレイから専用フォルダにすぐ移動させるようにしておけば、処理していないメールのみが受信トレイに残るので、確認や処理が確実にでき、返信漏れもなくなる。

RULE3 その日のメールはその日のうちに処理

メールの処理は翌日に持ち越さないのが基本（ただし、就業時間以後のメールは緊急性の高いもの以外は、翌日でも構わない）。

- すぐに返事ができず時間がかかる場合には、フラグをつけるなどして、すぐにわかるようにしておくこと。

15

スケジュール管理

スケジュール管理は、自己の行動管理でもある

Check Point !

- □ 各仕事の目的と、ゴールのイメージを明確に持つ
- □ TO DOリストを作成し、優先順位の高いものから着手する
- □ 「マイ締切」を設定する

タイム・イズ・マネーの意識を持つ

ビジネスで重要な「人・物・金」という従来の三大要素に加えて、現在では「時」の重要度が年々増してきています。

仕事はひとりでしているのではありません。社内外問わず、その仕事に関わる人が大勢います。ですから仕事をする時間も、それらすべての人と共有しているものなのです。

「1日24時間」という限られた時間を有効につかい、効率的に仕事を進めるためのスケジュール管理は、今やビジネスパーソンにとっての重要な管理技術と言っていいでしょう。

とはいっても、新人のうちは学ぶことが多くて、自分の思うとおりに時間をコントロールするのはなかなか難しいかもしれません。

しかし、「時間に対する意識」をしっかり持つことが、時間を管理できるようになる第一歩です。

まずは「就業時間内に仕事をきちんと終わらせる」と決め、「そのためにやるべきことは何か」「何から手をつけるべきか」を考え、実行していきましょう。

スケジュール管理とは、実は、その時間に何をするかという行動管理なのです。

中長期のスケジュールを管理するポイント

仕事におけるスケジュール管理とは、期限内に目標を達成するための時間配分であり、行動管理です。行き当たりばったりの行動は、無駄やロスが多く効果的ではありません。「段取り上手は仕事上手」と言われるように、まずはやるべきことをしっかりとスケジューリングすることから始めれば、たとえ最初はスケジューリングに時間がかかったとしても、トータルすると短時間で大きな成果を上げられます。

段取り上手　5つのステップ

STEP 1　目的を確認する

仕事にとりかかる際、まず一番最初に考えるのは、「なんのためにするのか」ということ。たとえば資料を作成する場合、「社内会議で検討し改善点を見つけるため」と「取引先にプレゼンテーションして YES をもらうため」では、集める情報や資料の作り方がまったく違ってくる。

STEP 2　具体的なゴールイメージをはっきり持つ

仕事のゴールは、できるだけはっきり、具体的にイメージしておく。ゴールがあいまいなのは、旅行に行く時、目的地が決まっていないのと同じこと。

POINT　定量化する
「○日までに」「○円の予算内で」など、ゴールを数値化・定量化することはとても有効。

STEP 3　方法・手段を考える

ゴールに至る方法・手段を考える。前例に倣うもよし、新しい方法を試すもよし。方法は無限大にある。

POINT　ひとりで考えることはない
まずは身近な先輩に相談してみると、前例やいろいろなアイデアを聞けるはず。

STEP 4　TO DOリストを作る

方法・手段まで具体的に決まったら、そのために必要なアクションをリストアップ。

POINT　優先順位を決める
リストアップできたら、優先順位を決め、優先順位の高い順にとりかかる。

STEP 5　振り返りの時間を持つ

素晴らしい計画を立てられたのに、当初の予定どおりに進まないケースも。うまくいかなかった時ほど振り返りの時間をしっかり持ち、改善につなげることで、あなたのイメージどおりの結果を手に入れられるようになる。

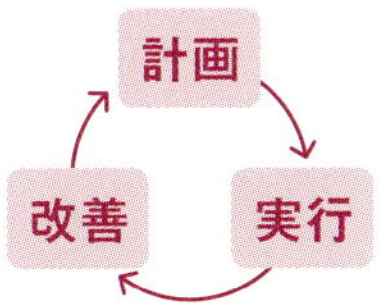

優先順位の基準を設けておく

期限も種類も違う仕事が重なり、「やるべき仕事がありすぎて、何から手をつけたらいいのかわからない」場合も多いもの。優先順位の基準を設けておくと、そんな状況での迷いや焦りがなくなります。

優先順位の考え方

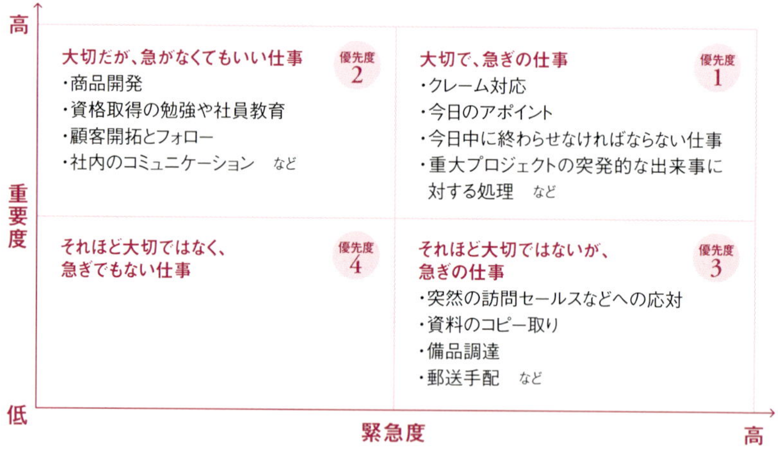

POINT 1 [1▸2▸3▸4] の順番に着手

目先に囚われて緊急度ばかり重視し、重要な仕事を放置したままでいると、いつまで経っても忙しい割に成果が出ないということになってしまう。長期的なビジョンを達成するためには、優先度 2 の「大切だが、急がなくてもいい仕事」を意識的にスケジュールに盛り込んで実行していく必要あり。そうすることで、1 と 3 が減っていく。

POINT 2 上司の優先順位と一致させておく

あなたは「この順番で」と考えても、それが上司やチームの考えと一致しているとは限らない。特に最初のうちは、自分だけで判断せず、「みんなは自分に何を最初にしてほしいのか」を率直に聞いてみることも大切。

POINT 3 最後の基準は自分ひとりで完結できないもの

それでも、やっぱり優先がつけられないという場合、次の２つをまず優先させる。

・締切が迫っているもの　　・相手があること

1日の仕事の習慣を作る

メールチェックなどのいつも必ずやるルーティンワークは、決まった時刻に固定することで、仕事の流れができ、時間短縮やチェック漏れ防止になります。このようなルーティンワークは、優先順位の中に入れずに行います。自分にとってベストな流れを作るように、1日のスケジュールを管理しましょう。

また、時間をうまく作るには、「スキマ時間」をうまく活用するのがおすすめ。通勤の時間、昼休み、移動時間や待ち時間などです。「5分、10分でできること」をうまく隙間にはめ込むことで、時間管理能力がぐんとつきます。もちろん、たまには何も考えずにリラックスする時間も大切です。

毎日のスケジュール管理

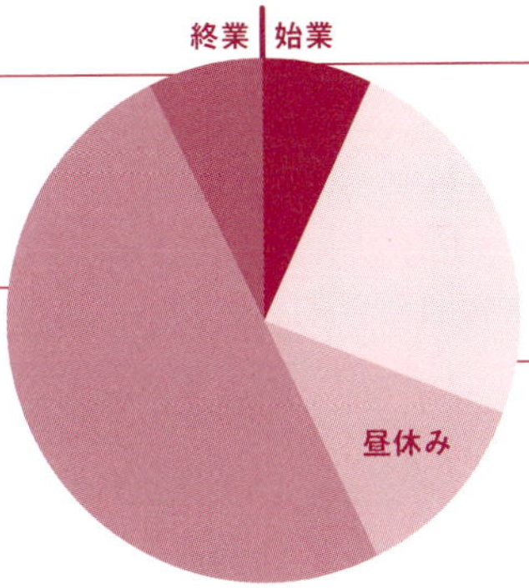

退勤前のルーティンワーク

「翌日の TO DO リストを作る」「下準備をする」「メールを返信する」など。

午後の時間

昼食後、必要に応じルーティンワークを入れるのもGOOD。眠くなる時間帯に、好きな仕事や得意なことをしたり、外出して人に会うなど、やる気の出る仕事に取り組むとよい。

朝のルーティンワーク

「前日作った TO DO リストを確認する」「メールや留守電をチェックする」など。

午前の時間

午前中は頭も冴えていて集中できる時間なので、優先順位が高い仕事、もしくはやっかいな仕事から取りかかる。

CA-STYLE流 +1

自分との約束、マイ締切

締切ギリギリに着手して、どうにかこうにか滑り込みセーフ。ちょっとしたアクシデントが起こっただけで即アウトのこの状態は、とても危険です。焦る気持ちがミスを誘発し、仕事自体のクオリティーに関わることにもなりかねません。

そこでおすすめなのが、本来の締切前に「マイ締切」を設定すること。仕事の難易度や量にもよりますが、1週間～3日前に設定し、その日までに仕上げるように動きます。締切ギリギリのプレッシャーやストレスを感じることなく、問題が起こっても余裕を持って対応できます。

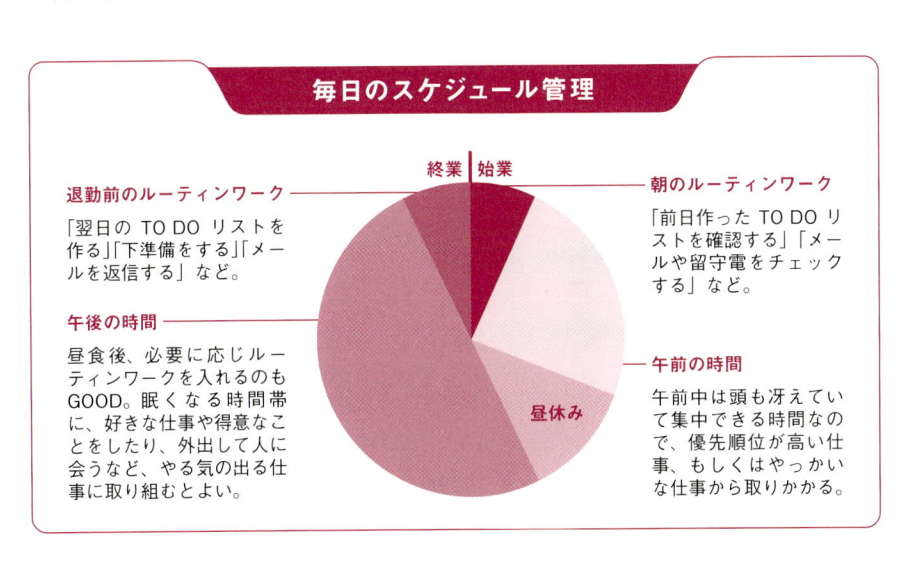

16

かばんの整理

用途に応じた分類、小分けがポイント

Check Point !

- □ 定期的に中身の点検をし、要らないものを捨てる
- □ 用途に応じ、分類して収納する
- □ A4収納サイズの自立型のかばんをつかう

かばんは小さなオフィス

ビジネスパーソンにとって、かばんの整理はとても大事なポイントです。特に外回りの多い職種の人にとっては、かばんはもはやデスク代わり。きちんと整理しておくことで、移動中にちょっとした仕事が効率よくできます。

かばん選び　5つのポイント

A4サイズの書類が楽に入る大きさで、手提げと取り外しできる肩かけ両用のものが便利です。かばんは床に置くシーンもあるので自立型のものを選んだほうがいいでしょう。

POINT 1
A4サイズの書類、資料が入る

POINT 2
ある程度マチがあり、置いたときに自立する

POINT 3
前面、内側にポケットがある

POINT 4
型くずれしにくく、丈夫な素材

POINT 5
スーツに合わせやすい色（黒、紺など）、シンプルな形

かばん整理の3ステップ

つかいやすいかばんを選んだら、次は中身の整理。
基本に従い整理すれば、機能性だけでなく、仕事の効率もアップします！

STEP 1 持ち歩くのは必要な物だけにする

必要かもしれないと、なんでもかばんに入れておくと、重く中身も乱雑になり、いざという時、必要な物がすぐに取り出せない。まずは、自分にとっての必要な物は何なのかを見極めて。

POINT 1 定期的に中身を点検

不要なものを捨てるという原則を守るためには、定期的な点検を。

STEP 2 用途別にグループ分けし、小分けする

必需品を選び終わったら、次は「仕事関係（書類、資料など）」「マナー関係（ハンカチ、ティッシュなど）」「薬・サプリ類」など、目的や用途に応じて分類する。
分類できたら、ファイルやポーチなどをうまくつかいながら、収めていく。

POINT 2 用途別に小分け

用途別にファイルやポーチなどに小分けしておけば、かばんを持ち替える時にもポーチごと入れ替えればいいだけなので便利。

STEP 3 しまう場所を定める

分類までできたら、それぞれのファイル・ポーチをかばんのどこに入れるか、定位置を決める。

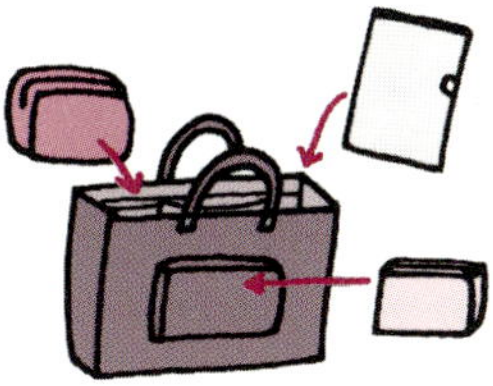

POINT 3 つかい終わったら、元の場所へ

整理しても、それが長続きしない人が多い。継続の秘訣は、定位置を決めて、つかい終わったら必ず元の場所に戻すこと。

CA-STYLE流 +1

予備用クリアホルダーを入れておく

かばんから出してみたら重要な書類が破れてヨレヨレに……。これでは、あなたの仕事に対する姿勢ややる気が疑われ、ビジネスパーソンとしての信用を失ってしまいます。そこでおすすめなのが、常に予備用のクリアホルダーを数枚かばんの中に入れておくこと。薄くてかさばることもないので、訪問先の数だけクリアホルダーを入れておけば、書類を傷めることなく持ち帰り、会社に戻ってから分類する手間も省けます。

17

会議への参加と準備

当事者意識と気配りを持って参加！

Check Point !

- □ 会議の目的、今までの経緯を把握して参加する
- □ 会議の準備を自分から手伝う
- □ 自分が提供できる情報、資料、意見を準備した上で参加する

積極的に参加する姿勢が大切

会議は、企業が方針や戦略を打ち立て、目標を達成するために欠かせない場です。会社によってさまざまな会議がありますが、大きく分けると、社内・社外の情報を関係者を集めて伝える「情報伝達会議」と、ある問題に対して参加者が対策や解決案などの意見を出し合う「問題解決会議」の２つに分類できます。

新入社員が、諸先輩方に交じって会議に参加するのは緊張するでしょうが、当事者意識を持って不慣れでも積極的に参加する姿勢は、好感を持たれるものです。会議に臨む心構えと気配りのポイントをしっかり押さえて、積極的に参加しましょう。

CA-STYLE流 +1

会議の段取りポイント

会議の運営を任された場合、会議の参加者には事前に日時・場所・目的を伝える案内を出し、出欠を確認しておきます。会議時間を有効につかうため、当日の役割（議長・議事録・板書・設営など）も分担しておきましょう。会議を円滑に進めるためには、早めに参加者へ資料を配付し、目を通しておいてもらうといいでしょう。

会議に参加するための5つの心構え

POINT 1 なんの会議が行われるかを把握しておく

予め資料が配られているなら目を通しておくなど、会議の目的をしっかり確認した上で、下調べしたり自分の意見や質問をまとめてから参加するようにする。

・過去に何度か話し合われたことのある内容であれば、過去の議事録や資料をチェックすることも忘れずに。

持参するもの　事前に配布された資料／筆記用具／スケジュール帳 など

POINT 2 遅刻しない

当たり前のことだが、会議開始の５分前には着席しているようにする。

・新人の場合、早めに行って、資料の配布やテーブル配置（席次は P.112 参照）、お茶の用意なども積極的に行うと GOOD。

POINT 3 話をよく聞く

進行役はじめ、ほかの人の発言をしっかり聞くこと。

・要点をメモに取りながら話を聞くと、真剣さも伝わり、自分の考えをまとめる役にも立つ。

POINT 4 発言は求められてから

人が話している最中にさえぎって話し始めるのはNG。進行役から参加者に対して発言を促す言葉があってから、発言する。質問がある場合も同様。

・隣の人にコソコソ聞いたり話かけたりしないように注意！

POINT 5 個人的な感情を持ち込まない

会議は、よりよい結論を導き出すための意見交換の場。自分と違う意見が出るのは当然と考え、反対意見に対して個人的な感情を持たないように心がける。

18

話の聞き方

よりよい人間関係は、聞く姿勢から

Check Point !

- □ 相手と自分の会話量が、7:3ぐらいになるように心がける
- □ 話の内容、状況に応じて、あいづちをつかい分ける
- □ 話を聞くときは、メモをとりながら聞く

人は自分の話を聞いてくれる人を好きになる

よい人間関係を築くには、相手の話を「よく聞くこと」が必要不可欠。なぜなら、人は誰しも「自分の話を聞いてほしい」という欲求を持っているからです。

この心理的欲求は、ビジネスにおいても同じで、こちらが話を聞こうという態度を示すことで、相手はこちらを信頼し、本心を語ってくれるようになります。

相手の話を聞くことで、相手の求めているものや問題と思っていることがわかり、適切な対応をとることができるようになるのです。

CA-STYLE流 +1

話し上手への近道

「聞き上手は話し上手」という言葉があります。話し上手と言われている人をよく観察してみると、一方的に熱弁をふるうのではなく、相手の話をよく聞いた上で自分の意見を伝えているのがわかります。

次ページで「聞き上手」になるための秘訣をお伝えしますので、これらのポイントを押さえて、あなたも聞き上手・話し上手になってくださいね

聞き上手になるための基本7ポイント

人の話をよく聞くためには、相手が気持ちよく話せるような態度が必要です。

POINT 1　一番大切なのは「相手と人間関係を築くこと」

会話が進むうち、つい自分の意見や価値観を押しつけていることが多々あるもの。会話中は、「相手とよりよい人間関係を築くにはどうすればいいか」を常に意識して。

POINT 2　笑顔で話しやすい雰囲気を作る

面倒くさそうだったり、忙しそうに作業をしながらでは、相手は落ち着いて話せないもの。作業中でも手を止めて、相手の方を向き、笑顔で話しやすい雰囲気を作るようにする。

話したい気持ちを削いでしまうNG態度

- ほかのことをしながら適当に聞く
- 視線を合わせない
- 目障りな動き（貧乏揺すりなど）
- 偉そうな姿勢（腕や足を組むなど）
- 自分の興味本位で根掘り葉掘りしつこく聞く

POINT 3　素直な気持ちで相手の話を聞く

「この人はこういう人」という先入観を捨て、素直な気持ちで相手の話す内容に集中することが大切。

POINT 4　話の先回りをしない

わかりきっている話でも、相手が話している途中で「もうわかりました」などと傷つく言葉で話の腰を折らないようにする。「話は最後まで聞かないとわからないもの」と心得て。

POINT 5　別の話題にすり替えない

あなたの興味のない話でも「それはそうと……」などと途中で、自分の話にすり替えないよう注意。仕事では、相手の問題解決をすることが優先。

POINT 6　話を最後まで聞く

POINT 4の繰り返しになるが、それほど大切なポイント！　頭ではわかっていても、意外にできていない人が多いのが現実。一度話を聞き始めたら、最後までちゃんと聞く！

POINT 7　むやみに他人に漏らさない

相手はあなたを信用して話をしてくれている。相手のプライベートな話や、社外秘・部外秘を内々に話してくれた場合など、むやみに他人に話さないように。あなたの信用問題にもつながること。

聞き上手になるためのポイント 上級編

ただやみくもに相手の話に同調するのが聞き上手ではありません。相手の真意をくみ取った上で、自分の意見もしっかり伝えられれば、あなたも真の聞き上手。

POINT 1 メモをとりながら聞く

相手からの依頼内容など、重要なことを忘れないためにも、メモをとることは重要。しかも、メモをとる行為は「あなたの言葉をひと言ももらさず真剣に聞いています」という姿勢を表す効果があり、さらなる強い信頼関係を築ける。

POINT 2 話の内容に合わせて表情を作る

話を聞く時の基本は笑顔。でも、相手が悲しい話や悔しかった話をしている時にも同じように笑顔では不自然。
大げさに表情を作る必要はないけれど、相手の心情に寄り添った表情をすることで、相手に「自分のことをわかってくれているな」と思わせる効果が生まれ、相手との距離が縮まるもの。

POINT 3 共感性を生むあいづちを打つ

積極的に相手の話に耳を傾け、話を展開させていくための「アクティブ・リスニング」という心理学的な聞き方のテクニックがある。共感性を生むのに効果のある、簡単なテクニックなので、ぜひチャレンジを！

■ アクティブ・リスニングの代表例

・**あいづち**…あいづちは「あなたの話を理解しています」というサイン
・**リフレイン**…相手の言ったことを繰り返す手法。

〈応対例〉 **相手**「大変だったんだよ」
自分「そうですか。大変だったんですね」

■ TPOに応じたあいづち例

・**話しやすい雰囲気を作る**　はい／そうそう／そうですか
・**共感を表す**
その通りです／そうなんです／おっしゃる通りです／おもしろいですね
・**ねぎらい・いたわりを表す**
そうなんですか／困りましたね／お気の毒に／残念でしたね／それはそれは…
・**展開を促す**　それから？／それで、どうなったんですか？
・**具体例を求める**　たとえば？／○○にたとえると？
・**理由を尋ねる**　○○なのはなぜですか？／原因はなんですか？

POINT4 上手な質問をする

「それからどうしたの？」などと、相手の話をさらに引き出す質問をすれば、相手はあなたが自分に対してとても興味を持っていると感じるもの。
すると相手は、あなたに対してより好意を抱き、信頼して本音をポロリなんていうことも。質問力を身につけて！

POINT5 「Yes, and」で自分の意見を伝える

相手の意見と自分の意見が食い違う場合でも、「そうは思いません」といきなり相手に「NO」を突きつけるのは、相手を不快にさせ、得策ではない。
どんな場合も、まず相手の意見を尊重する「YES」の姿勢を見せることが大切。その上で「and（その上で）」とつなげて、自分の意見を提案すれば、相手もこちらの意見を尊重してくれるもの。

〈応対例〉「なるほど、そういう考えもありますね。その上で、私は○○もあると思います」

こんな場合はどうすればいい？

CASE1 グチ、悪口、噂話などを言う相手への応対

ほとんどの場合、相手は話を聞いてほしいだけなので、アドバイスは不要。聞き役に徹するのが GOOD。

POINT1 話の内容にコメントするのではなく、「大変でしたね」「そんなことがあったんですか」と相手の気持ちに共感してあげる。

CASE2 自分への説教、クレームへの応対

その場ですぐ反論するのは、かえって逆効果。自分の至らないところを教えてくれる貴重な情報と捉え、相手の話を丁寧に聞いてみて。

POINT2 どうしても自分の意見を伝えたい場合は、日を改めてお互いが冷静になってから。

CASE3 セールス、交渉をする場合

「話すのは技術、聞くのは器」という言葉がある。セールスを成功させるには巧みな話術が欠かせないと思いがち。でも実は傾聴する姿勢のほうがはるかに重要。相手の本音を引き出し、そこから対応を練ることができる。

POINT3 7対3の割合で相手に話をさせるぐらいで丁度いいと心得る。

CA-STYLE流 Wide +1

「真似る」ことからはじめましょう

入ったばかりの会社では、いきなりすべてのことが完璧にできるわけはありません。まず、周りの先輩や上司がどのように仕事をしているか、よく観察してみてください。

「学ぶことは真似ること」という言葉があります。私たちＣＡは実際のフライトに出る前に数か月の訓練期間があり、そこで基本的なことはすべて習うのですが、やはり訓練と実際のフライトは似て非なるもの。私も新人の頃、よく先輩の真似をしていました。訓練ではうまくできていたのに、実際のフライトではまったく動けないことがたくさんありました。自分の至らなさ、不甲斐なさに落ち込んだ時期もあったのですが、ふと視線を上げて周りを見ると、目の前に、笑顔で楽しそうに、いきいきと働くある先輩の姿がありました。「素敵だな～」――その時、私は素直にそう思いました。そして、その先輩の真似をすることにしてみたのです。

真似をするためには、よく観察しなくてはなりません。意識して先輩をよく見ていると、いろいろなことがわかってきました。お客様に対する優しい笑顔の奥にはいつも保安要員としての厳しい目がありましたし、客室での優雅な立ち居振る舞いの裏側には人知れず努力している姿がありました。限られたフライトタイムの中でお客様に満足していただくために「すべきこと」と「してはいけないこと」、そのすべてを私は先輩の行動から学ぶことができました。

このように、上司や先輩は、直接あなたを指導してくれる時間だけでなく、何気ない普段の行動の中で、とても多くの事を教えてくれていると気づくでしょう。

いろいろ試してきましたが、私の経験上、わからないことや不安なことは、素直に先輩に質問、相談するのが一番早い解決策です。

3

来客時・訪問時のマナー

1

来客応対の基本

会社の第一印象は スマートな来客応対で決まる!

Check Point !

- □ 来客があったら率先して素早い応対を心がけている
- □ 担当者に取り次ぐ時には何を伝えるか理解している
- □ アポがないお客様でも適切な対応ができる

サッと立ち上がり、笑顔であいさつを

お客様に気づいたら、まず仕事の手を止めて立ち上がり、柔らかい表情で明るくあいさつしましょう。お客様にとって最初に接した社員の印象は、そのまま会社の第一印象となります。

受付のない会社・受付を内線電話で行う会社でも基本は同じです。誰かが受けてくれるだろうと気づかないふりをするのは厳禁！　率先して来客に応対することで、お待たせしない気配りの行き届いた会社という印象になりますし、積極的な姿勢はほかの社員からも好印象を持たれることでしょう。

CA-STYLE流 +1

会社の外はどんな様子でしょう?

お客様は会社の外からいらっしゃいます。外はどんな様子でしょう？　もし雨が降っているなら傘立てを用意したり、「お足元の悪い中、お越しいただきありがとうございます」と言葉をかけたり……お客様はマニュアル的でない対応に好感を持つものです。

朝から一歩も外に出ていなくても、外がどんな様子なのかを時々チェックしましょう。

来客応対の流れ

STEP 1　名前・アポイントの有無を確認

〈応対例〉「お約束でいらっしゃいますか？」「失礼ですが、お名前をおうかがいしてもよろしいですか？」

・アポなしの方へは……「本日はどのようなご要件でいらっしゃいますか？」

POINT　アポありの方へは「お待ちしておりました」「いつもお世話になっております」などとつけ加えると、社内連絡が行き届いていることが伝わり信頼感がUP!

STEP 2　担当者に取り次ぐ

まず、取り次ぎのためにその場を離れることを、お客様に断る。

〈応対例〉「ただ今確認いたしますので、少々お待ちくださいませ」

・イスがあるなら「どうぞおかけになってお待ちください」とお勧めする。担当者に「アポの内容（アポなしの場合は用件）・名前」を伝えて指示を仰ぐ。

〈応対例〉「○時にお約束の○○商事の××様がお見えになりましたが、いかがいたしましょうか」

・同じフロアでも「＊＊さーん」などと担当者を大声で呼ばないこと。

POINT　担当者には、お客様の人数・機嫌などの状態も伝えるとGOOD。特にアポなしの場合には、少しでも多くの判断材料を担当者に伝えるようにする。

STEP 3-1　お客様ご案内

〈応対例〉お客様の元（受話器）に戻り、「お待たせいたしました」。

・自分が案内する時は「私が応接室にご案内いたします」とお伝えし、ご案内する。
・担当者が案内する時は「担当の＊＊がすぐに参ります」とお伝えし、担当者に引き継ぐ。
・受付電話の場合は「すぐそちらに（担当者が）参りますので、少々お待ちください」と言って受話器を置く。

STEP 3-2　担当者に断るよう言われたら……

〈応対例〉「申し訳ございませんが、＊＊は会議中でございます」などとやんわり断る。

・たとえ飛び込みセールスの場合でも、ぞんざいな態度は会社イメージを悪くするのでNG。
・社内ルールによっては「申し訳ございませんが、こういったご用件はお断りしております」と伝えてお引き取りいただく。

POINT　担当者によっては「名刺だけもらっておいて」という場合もあるので、断り方も確認したほうがGOOD。

STEP 3-3　約束していた担当者が不在のとき

〈応対例〉すぐに戻る場合は、先にお客様を応接室にご案内し、「申し訳ございませんが、少々お待ちいただけますでしょうか？」とお詫びしお待ちいただく。

・場合によってはお茶をお出しする（P114 参照）。外出中・接客中など、時間がかかりそうなときは「たいへん申し訳ありませんが……」と謝罪し、事情を述べて、代理対応、お待ちいただくなどのお客様の意向をうかがう。
・代わりに書類などを預かる場合は、再度、お客様名・渡すべき担当者名を確認し「確かに私◇◇がお預かりいたしました」と自分の名前を告げて責任を持って受け取る。

来客応対

ご案内①［廊下・階段］

先を歩きながら、心と体はお客様のほうへ向けて

Check Point !

- □ まず、行き先を伝えてから歩き出す
- □ お客様の歩調に合わせ2〜3歩前を歩く
- □ 階段ではお客様は高い位置、自分は低い位置

「２階の応接室へご案内いたします」

自分には見慣れた社内でも、お客様にとっては未知の領域。どこへ連れて行かれるのだろう……という不安を抱かせないために、最初にお客様に行き先を告げてから歩き出す心配りをしましょう。

たくさんの荷物を持っているお客様であれば、「よろしければ、お持ちいたしましょうか」とお手伝いを申し出るのも、心がけたい気づかいです。

CA-STYLE流 +1

顔を向けて積極的に会話を

旅客機の機内でもお客様をお席までエスコートすることがあります。

飛行機の狭い通路を先導しつつ、辛い体勢ながらも顔は時々お客様のほうへ。「今日も本当に暑いですね」などと当たり障りのない会話を積極的にします。最初に和やかな雰囲気を作ることで、フライトに親近感や安心感を持っていただけるのです。

案内役を頼まれたら、ぜひ和やかな雰囲気を作ってから担当者に引き継ぎましょう。

廊下・階段　ご案内のマナー

CASE 1 廊下では……

お客様に気を配りながら、ご案内する。

POINT 1 お客様の２～３歩斜め前を歩く

お客様が通路の中央を歩けるよう通路の端に寄り、お客様の２～３歩斜め前を歩く。お客様の歩調に合せることを忘れず、決してスタスタと先へ行きすぎないように。

方向を指し示すときは、５本の指を揃えて。

POINT 2 進行方向を手で指し示す

曲がり角や階段に差しかかった時は「こちらを左に曲がります」「お足元にお気をつけください」などとお声がけし、進む方向を手で指し示して誘導する。

CASE 2 階段では……

お客様の荷物が多いときは、お手伝いを。

POINT お客様が手すり側になるように

手すりにつかまりやすい位置にお客様を誘導。基本的に自分はお客様より低い位置で昇り降りする。

■ 昇る時

お客様より高い位置にならないように、案内役はお客様の後ろからついていく。ただし、男性が女性のお客様（スカートをはいた方）を案内する時は「お先に失礼いたします」と断って先に昇る配慮を。

お客様より高い位置で案内する時は、ひと言断ってから。

■ 降りる時

お客様より少し先に降りる。お客様を見下ろさないという意味のほかにも、万が一、お客様が階段を踏み外してもすぐに助けることができる位置。

お客様に顔を向けつつ、自分の足元にも注意。

CASE 3 途中で上司に会ったら……

社内の人より、お客様の通行を優先すること。

POINT どんなに重役でも決して道を譲ることのないように

案内役が道を譲ると、後ろのお客様にも道を譲っていただくことに。社内の人には軽く会釈をし、状況を理解してもらう。

・自分の直属の上司や関係部署の上司に会った場合は、立ち止まって紹介するなど臨機応変に対応する。

来客応対

ご案内② ［エレベーター］

アタフタしない、エレベーターの乗り降り

Check Point !

- エレベーターの中での自分の立ち位置を心得る
- 乗り降りは基本的にお客様が先だが、例外ケースを覚える
- お客様に完全に背を向けない

狭い空間でこそスマートな立ち居振る舞いを

エレベーターはとても狭い空間。何も考えずに乗り込むと、お客様や同乗者の乗り降りの邪魔になるだけでなく、誤ってドアに挟まれるトラブルも起こり得ます。効率的な立ち位置、スマートな振る舞いを身につけ、安全にご案内しましょう。

エレベーターにもある、上座・下座

エレベーターにも立ち位置の順番・席次がある。乗り降りしやすいエレベーターの中央・奥が上座、操作パネルの前やドア近くが下座となり、お客様は上座、案内者は下座に立つ。

エレベーターでの席次

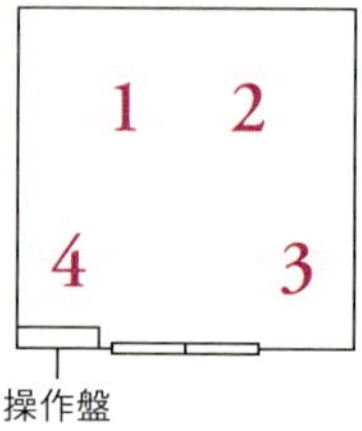

1が最上位者が立つべき上座。案内者は4に立つ。

ご案内　エレベーターの乗り降り

STEP 1

エレベーターに乗る

POINT 1　基本的に乗り降りはお客様が先

・エレベーターが来たら、ドアが閉まらないように外のボタンを押したまま「どうぞ」とお客様に先に乗っていただく。

・誰もエレベーターに乗っていなかったら、「お先に失礼いたします」と自分が先に乗り、速やかに操作パネルの前に立って「開」ボタンを押し、扉を押さえたままお客様をお乗せする。

■ 来たエレベーターが混雑している時は……

無理に乗り込もうとしない。本来なら、お客様に気づいた社員が降りてお客様を先にお乗せするのが望ましいが、そうでなければ次のエレベーターまで待つ。

壁の行き先ボタンを押し、ドアが閉まらないようにする

満員のエレベーターに誘導するのは失礼。

STEP 2

エレベーターの中では、操作パネルの前に立つ

POINT 2　お客様に完全には背中を向けないほうがよいが、状況に応じて対応

・ほかの人が乗ってきたら「何階ですか？」と聞き、ボタンを押す。

・乗り降りする人がいたら、その都度「開」ボタンを押し、片手はドアを押さえる。

顔と体は話しかける人のほうを向いて。

STEP 3

エレベーターから降りる

POINT 3　お客様に声をかけて、先に降りていただく

・目的階に到着したら、「開」ボタンを押したまま、片手はドアを押さえ「こちらでございます」と言い、お客様に先に降りていただく。

「開」ボタンを押しながら、もう一方の手でドアを押さえる。

CA-STYLE流 +1

降りる人が最優先

いくら大切なお客様だからといって、来たエレベーターに早々に「どうぞどうぞ」とご案内するのは慌てすぎです。

電車の乗り降りと同じように、エレベーターももちろん降りる人が最優先。エレベーターホールで待っている時から、ドアの正面は空け、降りる人がいなくなってから「お先にどうぞ」とお客様を誘導します。その間、外の行き先ボタンは押したままで。お客様が乗ろうとしたら、ドアが閉まってしまったという悲劇が起きないよう気をつけましょう。

来客応対

ご案内③［入室］

スマートな誘導で、お客様を迷わせないように

Check Point !

- 部屋に入る時には必ずノックをする
- ドアの開く方向（外開き・内開き）に合わせたお客様の招き入れ方を理解している
- スムーズに上座を進めることができる

流れるような動作で

ここまで進んできた社内の公な空間から、応接室などの指定された場所へお客様をお通しします。

あなたからの適切な声がけや案内がなければ、お客様は所在なげに立ちすくんでしまうことにもなりかねません。

ドアの開け閉め・座席へのご案内などの一連の動作を流れるようにスムーズに行い、お客様を迷わせることのないようにしましょう。

CA-STYLE流 +1

快適空間なら商談もスムーズ

お客様をお通しする部屋は商談を進める大切な空間です。デリケートな取引や契約が行われることも多いでしょう。そのような場所でお客様に不快な思いをさせてはいけません。

部屋は常に綺麗に保たれていることが大前提。テーブルに手垢がついていませんか？　棚にホコリが積もっていませんか？　お花などの鮮度は大丈夫？　こもったにおいなどにも注意し、自信を持ってお客様をお通しできるよう日頃からチェックしておきましょう。

応接室へのご案内

STEP 1 ノックする

POINT　入る前には必ず「トントントン」と3回ノック

・室内に誰もいないとわかっていても、念のため必ずノックをしてから入室を。
・2回叩くノックはトイレノックと呼ばれ、実は欧米ではマナー違反。日本でのビジネスシーンでは、ノックの回数は3回が望ましい。

3回ノックする。

STEP 2 入室する

〈 外開きのドア・引き戸の場合 〉

POINT 1　入室はお客様が先

・ドアを大きく開いたまま押さえ、「どうぞ、お入りください」とお客様を先にお通しする。
・この時、自分の体が入口をふさいでしまわないよう、立ち位置に注意。

ドアを支えて、お客様を先にご案内する。

〈 内開きのドアの場合 〉

POINT 2　自分が先に入室

・「お先に失礼いたします」と声をかけてからドアを開き、自分が先に入室。
・ドアを大きく開いたまま押さえ、「どうぞ、お入りください」と招き入れる。
・ドアを開けたあとお客様に背を向けたままにならないよう注意。

お客様のほうを向いて、ドアを支える。

STEP 3 上座を勧める

POINT　速やかに上座を勧める

・入室後、お客様は率先してイスに座ろうとはしないもの。上座（P111参照）を手で指し示し、「どうぞこちらにお掛けください」と着席を勧める。
・勧めないとお客様は下座に座ってしまう場合もあるので、必ず早めにご案内する。

5本の指を揃えて上座を指し示す。

STEP 4 上着を預かる

POINT　部屋にハンガーラックがあるなら、上着を預かる

・上着を手に持っているお客様に「よろしければお召し物をお預かりいたします」とお声がけする。
・ただし、上着に貴重品が入っていて手元に置いておきたいという方も多いもの。断られたら無理に預かる必要はない。

お預かりしたら、丁寧にハンガーラックにかける。

5

席次

知らないではすまされない あなたの座る位置

Check Point !

- 基本ルールは「出入口から一番遠い席が上座」と覚える
- 「イスの格」によって席次を判断する
- 基本を理解した上で、お客様の希望をうかがう

席次の基本ルール

席次とは、面談・会合などで座る位置、席順のことです。上下関係を表すため、お客様や取引先の方、上司などが、上座と呼ばれる格の高い席に座り、接待する側や部下は下座に座ります。基本的には「出入口から最も遠い席が上座」。出入口は騒々しいので、大切な方には奥の席でゆったりと座っていただく、というのが原則にある考え方です。

上座には長椅子などの格の高いイスが置かれていることが一般的ですが、会社によって事情が異なりますので、一度確認しておきましょう。

CA-STYLE流 +1

ご希望が最優先

旅客機で人気の座席は「ドアサイド」。つまり、非常ドアに面した座席です。「早く乗り降りができるから」「足を伸ばせるから」「一番最初に食事のオーダーを聞いてもらえるから」などの理由に加えて、向かいに座るCAと話ができるからドアサイドに座りたいというお客様もいらっしゃいます。

基本的な席次のルールはもちろん大切ですが、そのお客様の過ごし方・ご希望に合わせた席が一番の上席と言えるのです。

基本的な席次ルール

POINT 1 出入口から最も遠い席が上座

POINT 2 イスにも格がある

一般的な応接室

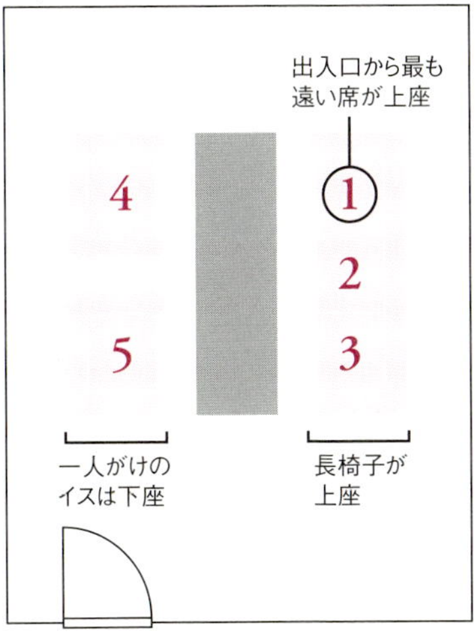

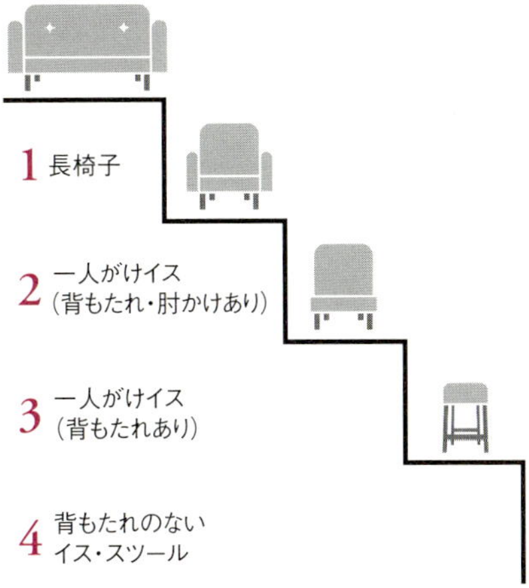

いろいろな応接室での席次

CASE 1 オフィスの一角にある応接スペース

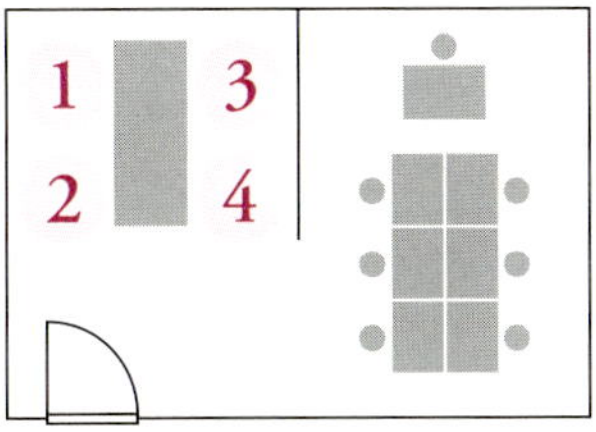

・オフィスの出入口に関係なく、社員が仕事をしている事務机から一番遠い席が上座。
・パーテーションの有無・長椅子の配置などオフィスのレイアウトによっても違うので確認する。

CASE 2 パーテーションで仕切られている応接ブース

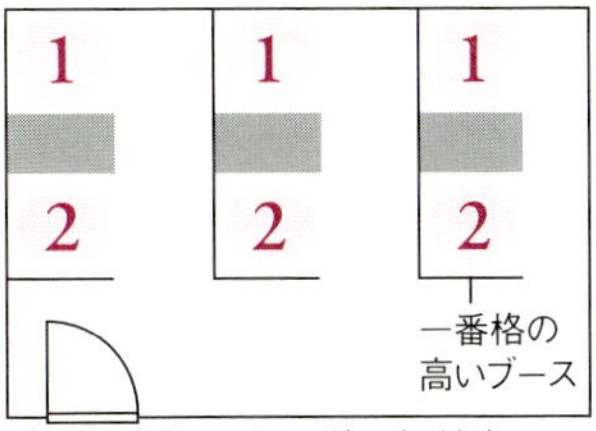

ブースの出入口からより遠い席が上座。

・上座・下座とも同じイスをつかっている場合が多く混乱しやすいので、お客様が迷わないよう必ず上座を案内する。
・なお、オフィス内に同じようなブースが並んでいる場合は、オフィスの出入口から最も遠いブースが一番格の高いブースとなる。

会議室の席次

さまざまな立場の方が集まり、人数が多くなる会議の場にも席次があります。

基本的には、会議室の出入口から最も遠い中央の席に議長が座り、そのほかの出席者は役職の高い順に、議長席に近い席へ座ります。新人は一番出入口に近い下座に座ることが望ましいでしょう。

しかしながら、たとえば書記はホワイトボードに近い席に座ったほうが動きやすいでしょう。スライドなどの機器がある場合も、操作する人は機器に近いほうが便利です。その都度確認し、適切な場所に座りましょう。

会議室のレイアウト別の席次

POINT

基本的な判断基準を覚えよう

1 議長は出入り口から最も遠い中央の席。
2 議長に近い席ほど格が高い。
3 議長から見て右手側のほうが、より格が高い。

CASE 1 対面型レイアウトの会議室

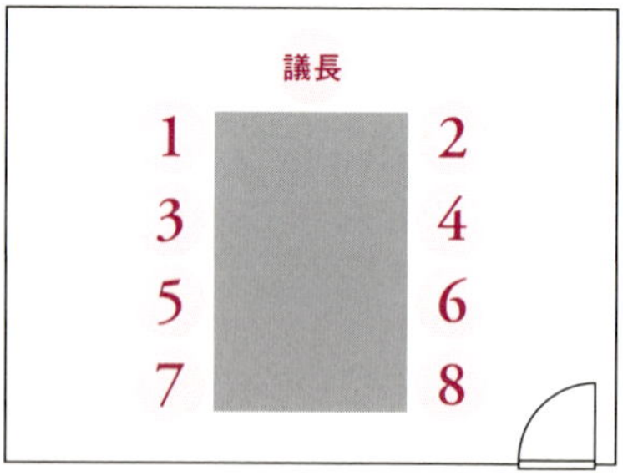

CASE 2 コの字型レイアウトの会議室

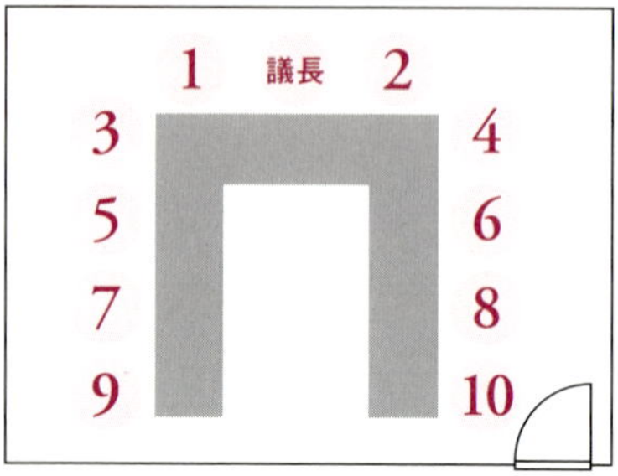

CASE 3 円卓型レイアウトの会議室

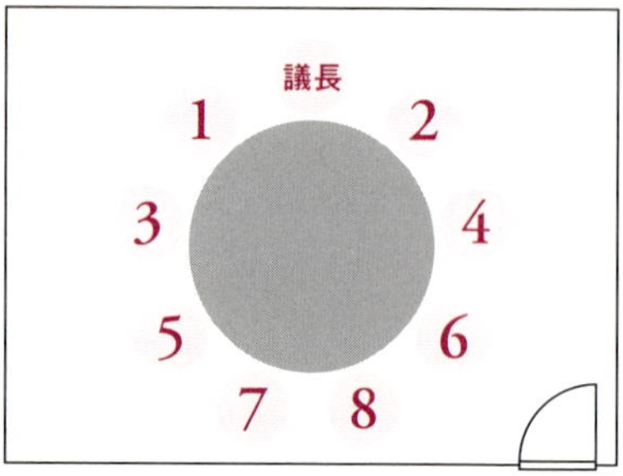

乗り物の席次

お客様とタクシーを利用したり、出張で上司と新幹線や飛行機などに乗る時に、知っておきたいのが乗り物の席次。応接室や会議室などと違い、動いている状態であることから、基本的には「安全な席・快適な席が上座」となります。

さまざまな乗り物の席次

CASE 1 タクシー

POINT 1 一番安全な運転席の後ろが上座

・助手席は下座となり、行き先を告げたり、道順の案内や支払いを担当する。
・3の席は段差があって座りづらいので、女性や体の大きな方は手前の席など、臨機応変に対応する。
・２人で乗る場合は1 2、３人なら1 2 4となる。

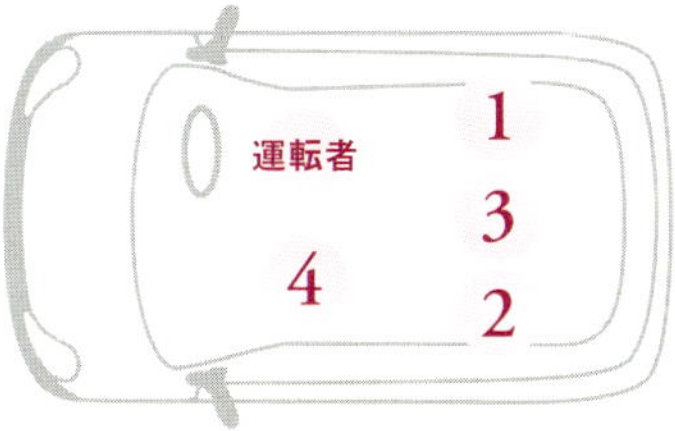

CASE 2 お客様や上司が運転する車

POINT 2 タクシーとは席次が違うことに注意

・お客様や上司が運転する場合は、運転者へ敬意を払う意味から、助手席が上座となる。
・上座には運転者と同格か格上の人が座る。

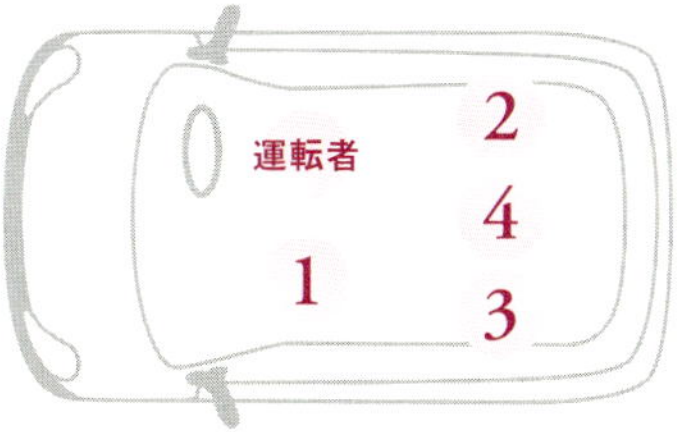

CASE 3 新幹線

POINT 3 進行方向を向いた、窓側の席が上座

・座席が離れている場合は、車両の出入口ドアから遠い席が上座。
・進行方向に背を向けた席や通路側は、一般的に乗り心地が悪いので下座となるが、個人の好みもあるので、希望をうかがうなどの臨機応変な対応が望ましい。

◀進行方向

CASE 4 旅客機

POINT 4 窓のある座席列では窓側、中央座席列では通路側が上座

・座席が離れている場合は搭乗ドアにより近い席が上座。
・窓のない中央の座席列より、窓のある座席列のほうが上座となる。
・新幹線の場合と同じように「出入りしやすい通路側に座りたい」などの個人の好みに合わせて対応を。

◀進行方向

来客応対

お茶の出し方

柔らかい表情と細かい心配りでおもてなし

Check Point !

- お越しくださったお客様へ感謝の気持ちを込める
- 運ぶ前に必要なものがキレイな状態で揃っていることを確認する
- お出しする順番を心得ている

自動でいれたお茶でも、心は込めて

最近ではマシンでお茶やコーヒーをいれている会社も多いようですが、だからこそお客様へは丁寧な所作で心を込めてお出ししたいものです。

お茶をお出しすることでお客様と顔見知りになれるというメリットもあります。男女問わず、手が空いている時には率先してお茶出しを引き受けましょう。

お茶出しに必要なものは

※お盆とふきんは、共通して必要になる。　※茶器に汚れ・ヒビ・欠けがないかをよくチェックする。

CASE 1 お茶

茶わん・茶たく

・絵柄はお客様の正面に。

CASE 2 コーヒー・紅茶

カップ・ソーサー・お砂糖・ミルク・スプーン

・カップの持ち手は右側に。
・お砂糖・ミルク・スプーンはソーサーの上（手前）が基本。

CASE 3 冷たい飲み物

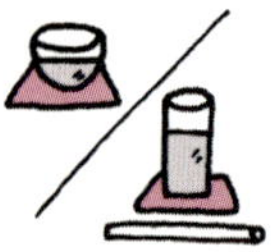

グラス・コースター（・ストロー）

・グラスの下には必ずコースターを。

お茶出しの流れ

STEP 1　タイミングを見計らう

・お客様と担当者とのあいさつが終わり、商談に入る前が望ましい。

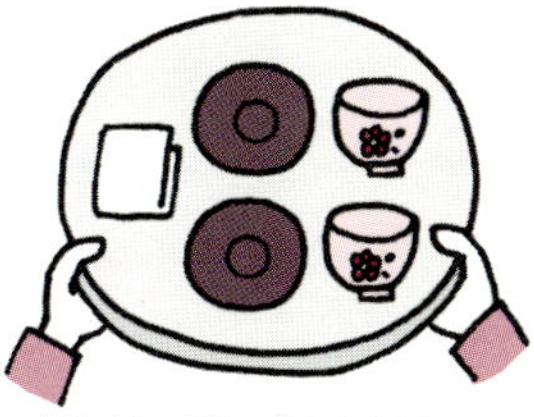

人数が多い場合は茶たくを重ねる。

STEP 2　お茶を運ぶ

・お盆に茶わん・茶たくを別々にのせて運ぶ。
・ふきんも忘れずに。

STEP 3　入室

・ノックをし(P109参照)、「失礼いたします」と言って入室。
・ドアを閉めたら、お客様に向かって一礼。

STEP 4　茶わんを茶たくにセット

・サイドテーブルかテーブルの端（下座寄り）にお盆ごと置く。
・茶わんの底をふきんでふいてから茶たくにのせる。

STEP 5　上座のお客様から、席次に従ってお茶を出す

・絵柄がお客様の正面になるようにして、両手でお客様へお出しする。１つひとつの動作に間を置くと、丁寧な印象。
・基本は右側から、お客様の右斜め前に置く。ただし、書類などがある場合には邪魔にならない位置に置く。

CASE1 こぼしてしまった時は……

・まず「申し訳ございません」とお詫びし、すぐにふきんでふく。
・お客様の衣服や持ち物を汚していないことを確認した後、新しいお茶をお持ちする。

CASE2 お盆を置く場所がない時は……

・左手でお盆を持ち、右手でお客様へお出しする。
・「片手で失礼いたします」と断って。

STEP 6　退室

・お盆を脇に抱え、ドアの前でお客様に一礼。
・ドアを閉める前にも再度お客様に会釈し、「失礼いたします」と退室する。

7

来客応対

お見送り

最後まで気を緩めずに、お見送りと後片づけを

Check Point !

- □ 話を終わらせるのはお客様のほうから
- □ お客様の姿が見えなくなるまで見送る
- □ つかった後の応接室はすぐに片づける

話を切り上げるのはお客様のほうから

商談も終わりに近づいた時、話を切り上げるのは原則としてお客様側です。こちらから言うのはお引き取りを急かした印象になってしまうのでＮＧ。お客様が話を切り上げたら、まず「本日はどうもありがとうございました」と商談内容や来社してくださったことに感謝の気持ちを込めてお礼を言います。どこまでお見送りするかは、そのお客様との関係によって異なるのでそれぞれのケースで確認しましょう。

お帰りの仕度

POINT 1 お客様のペースに合わせて

- お客様が書類などをかばんにしまう作業を急かす素振りはせず、「お忘れ物はございませんか」などと声をかける。
- 預かった上着はこの時に返却する。
- 通常上着は外に出てから着るものだが、外が寒いようなら「どうぞ、こちらでお召しになってください」と社内で着ていただくよう、お勧めするとよい。

お預かりしたものは、忘れずに返却。

お見送りのマナー

CASE 1 応接室前でのお見送り

よく来訪する心安い間柄のお客様

・ドアを開け（P109参照）、お客様を先に応接室の外へお通しする。
・部屋を出たところで「こちらで失礼いたします」などとあいさつをし、お客様が通路から見えなくなるまで見送る。

CASE 2 エレベーター前でのお見送り

通常のお客様

・ビル内のオフィスでは、エレベーターの前が一般的なお見送りの場所。
・エレベーターが来たら、ドアが閉まらないようにボタンとドアを押さえてお客様に乗っていただく。
・ドアが締まる前にあいさつをし、ドアが完全に締まるまでお辞儀をしたままの状態を保つ。

CASE 3 玄関前でのお見送り

特に重要なお客様や、クレームなどで訪れたお客様

・玄関の外に出る前に、丁寧にあいさつをする。
・寒い時期のコートやマフラー・手袋は、外に出る前のご着用を勧める。
・玄関を出たところで、再度丁寧なお辞儀をし、お客様の姿が見えなくなるまで見送る。

車でお帰りになる方のお見送り

・お客様がタクシーや自家用車に乗り込んだら、改めてあいさつをする。車が走り出したら、再度丁寧にお辞儀をし、車が見えなくなるまで見送る。

CA-STYLE流 +1

速やかな後片づけと忘れ物チェック

　お客様をお見送りした後、商談が終わった安堵感ですぐに自分のデスクに戻ってしまわないように注意しましょう。
　応接室にはすぐに次のお客様がいらっしゃるかもしれません。飲み終わったお茶の片づけはもちろんのこと、テーブルは必ずふき、部屋全体を見回してイスの向きや調度品がずれていないかも確認しましょう。
　この時、イスの隙間や床もチェック。ボールペンやメガネなどのお忘れ物はありませんか？　もし見つけて間に合うようなら、お客様を追いかけてお渡ししましょう。「わざわざ届けてくれた」とお客様にとっては忘れられない好印象となります。

8

他社訪問

アポイントメント

アポイントは、確認を念入りに！

Check Point !

- □ 訪問希望日の1週間前までに電話でアポイントをとる
- □ 電話をかける時には「アポイント確認メモ」とスケジュール帳を用意する
- □ 決定したアポイントの内容をその場で復唱し、相手と確認する

お客様のご都合が最優先

商談や営業、クレームのお詫びなど、ビジネスではこちらからお客様のもとへ出向いて面談をするケースがよくあります。そんな時は、まずアポイント（面談の約束）をとるのがマナー。行き違いがないよう、電話でお互いに確認し合いながら約束をします。お客様のご都合に合わせるためにも、なるべく訪問希望日の１週間前にはアポイントの連絡をしましょう。

アポイントの電話をかける前に

1 電話をかける前に、アポイント確認メモを作成（右図）。

2 作成したメモと、スケジュール帳を用意。
※同行者がいる場合は同行者の予定も把握しておくこと。

3 地図や路線図を手元に用意しておけば道順を確認することもできる。

アポイント確認メモ

1 訪問の目的・内容
（おおよその所要時間も）

2 訪問者の人数
（自分以外の同行者の名前・肩書きも伝える）

3 訪問希望日
（複数の候補日を用意）

4 決定事項
（電話中に書き込む）
・日時、場所
・道順、受付方法
・連絡先など

初めての訪問先の場合は、相手の会社名・担当部署・担当者名も書いておくと安心。

アポイント電話の流れ

STEP 1

電話をかけ、取り次ぎを依頼

POINT 1 **なるべく訪問希望日の１週間前までに連絡する**

・相手が忙しい時期（月末・期末など）・忙しい時間帯（朝礼・会議中など）を避けて、電話をする（P54 参照）。

STEP 2

担当者に要件を伝える

・担当者とつながったら、改めて名乗り、あいさつをする

・面談希望の旨を伝える

〈応対例〉「早速ですが、△△△の件で××様にお会いしたいと思っておりますが、お時間をとっていただけませんでしょうか」

STEP 3

訪問日時を決める

POINT 2 **訪問日時は相手の都合に合わせるのが原則**

・「アポイント確認メモ」を見ながら、訪問の目的・所要時間・訪問人数を伝え、まず相手の都合を聞く。

〈応対例〉「いつ頃がご都合よろしいでしょうか？」

・「いつでもいい」と言われた時や、先方の指定日に都合がつかない場合に、こちらの希望日時を提案する

POINT 3 **決定日時は復唱する**

・話し合いで決まった訪問日・時間を復唱し、お礼を述べる。

〈応対例〉「○月○日の○時からですね。お忙しいところありがとうございます」

STEP 4

その他の事項の確認をする

・先方からの変更に備えて、こちらの連絡先を伝える。

・初めての訪問先の場合は、最寄駅からの道順や受付方法などを確認する。

STEP 5

最後の確認とあいさつ

〈応対例〉「それでは○日の○時に、課長の□□と私の２名でおうかがいします。どうぞよろしくお願いいたします」

STEP 6

電話を切る

・かけた方（こちら）から、ゆっくりと電話を切る

CA-STYLE流 +1

早口注意!

確認メモもばっちり準備し、頭の中では電話の流れもシュミレーションＯＫ！　そんな時に、もう１つ注意していただきたいのが、「話す速度」です。お客様にとってはいきなりの電話。電話の相手が誰なのか聞きそびれることさえあります。お客様にとって聞き取りやすい話し方を心がけ、誤解が生じないようにしましょう。

他社訪問

9 訪問の準備

準備の量だけ、余裕が生まれる

Check Point !

- □ ビジネスのマストアイテムが揃っている
- □ 面談に必要な資料は、すぐに渡せる状態にしておく
- □ 訪問先の情報収集を事前にする

面談相手との距離が縮まる企業研究

アポイントが取れたら、その面談を成功させるために、事前準備を進めます。

面談の目的や進め方を上司や同行者と共有し、効果的な資料を作成することは大切ですが、先方の企業研究も忘れてはいけません。訪問先の会社の話題を知っていれば会話での距離がぐっと縮まり、面談がスムーズに運ぶことでしょう。事前準備で不安材料を減らし、気持ちにも余裕を持って面談に臨みましょう。

ビジネスシーンのマストアイテム

他社訪問時に限らず、常に持ち歩きたいアイテム

名刺
汚れや折れがないかチェックし、多めに準備。

手帳、筆記用具
面談の要点は必ずメモ。間違っても先方に筆記具を借りることのないように。

携帯電話
確認・緊急連絡などで必要。到着したら電源オフかマナーモードに。

地図
道順の確認や交通トラブル対処に。

・電卓・ノートPC・ICレコーダーなども、業種・職種によっては必須。

他社訪問の事前準備

POINT 1 面談の資料を用意……チャンスをつかむ準備

1 同行者との打ち合わせ……目的をしっかり把握し、面談の進め方を確認。
2 面談の資料を作成…先方にお渡しするもの。人数分より少し多めに用意。さっと取り出せるような状態にまとめておく。
3 持参する商品・サンプルなどの手配……お渡しする場合は紙袋なども用意。
4 会社案内……初めての訪問先のために、自社のパンフレットや冊子をまとめて会社の封筒に入れておく。

POINT 2 訪問先の情報を調べる……知らないのは失礼

1 事業内容
2 新商品などのトピックス
3 自社との関係
4 担当者の役職や自社との関係
5 所在地・交通アクセス

POINT 3 手土産……必要に応じて、喜ばれる手土産を

お得意様に、年末年始のあいさつ回りに、クレームのお詫びにと、手土産を持参するシーンも多いもの。

1 まず、手土産を用意していいか、予算なども含めて上司に確認。
2 渡す相手の立場になって選ぶ。
・定番としては、職場でも分けやすく日持ちのする個別包装されたもの。
・先方のライバル会社の商品、分けにくいもの、相手先の近所で購入したとわかるものはＮＧ。
3 渡すタイミングは「応接室で、あいさつの後に」が基本。

CA-STYLE流 +1

デジタル端末に頼りきらない

ビジネスのマストアイテムとしての地位も確立しつつある、スマートフォンなどの最新デジタル端末。電話・メールだけでなく、スケジュールを管理したり、Web ページへアクセスして企業サイト・地図・交通情報などをいつでも簡単に調べられたり、本当に便利な機械です。

しかし、機械は機械。突然壊れたり、電波をキャッチできなかったりすることも、ないとは言い切れません。

そんな時に備え、必要なものはなるべくプリントアウトしたりと、バックアップを万全にしておくのが、賢いビジネスパーソンのやり方です。

10

他社訪問
当日の流れ

失礼のない振る舞いで、ビジネスを成功に導く

Check Point !

- □ 出発前には持ち物・身だしなみを再確認する
- □ アポイントの10分前には到着できるようにする
- □ 会社の代表として恥ずかしくない振る舞いをする

会社の代表者としての心構えを

訪問先では、あなたが会社の代表者です。失礼な言動はそのまま会社のイメージダウンにも繋がりかねません。

まず絶対に守らなければいけないのが時間。お客様の貴重な時間をいただいているということを忘れずに、余裕を持って到着できるように段取りましょう。

時間に余裕が生まれれば、気持ちを落ち着かせ、態度や立ち居振る舞いにも気を配ることができるのです。

CA-STYLE流 +1

就職活動を思い出して

就職活動で会社訪問をしたとき、あなたはどんなことに注意していましたか？

業界研究・企業研究を念入りに行い、訪問前には鏡で何度も自分のスーツ姿をチェックしたはず。面接を待っている間はどうでしたか？　ウロウロ立ち歩いたり、携帯電話をいじったりはしていなかったでしょう。

ビジネスシーンでも気をつけるべきところは同じです。就職活動は社会人としての予行練習。ぜひ、あの頃の感覚を思い出してください。

訪問当日の流れ

STEP 1

出発前の準備

・前日までに揃えたものを忘れないように再チェック（P120～P121 参照）。
・服装や髪型、メイクなどの身だしなみをチェック（身だしなみ:P44～P45 参照）。

STEP 2

訪問先に到着

POINT　余裕を持って、約束の 10 分前には訪問先に到着する

・訪問先の間近まで到着した後、身だしなみを整えるなどし、5 分前には受付できるように。
・寒い季節のコート・マフラーなどは、相手の会社に入る前に脱ぐ。
・暑い季節に脱いでいた上着は着る。
・携帯電話は電源を切るか、マナーモードに。

CASE　**約束の時間に遅れそうなときは……**

・すぐに相手先に連絡し、きちんとお詫びした上で遅れの事情を簡潔に説明し、到着予定時刻を伝える。
・なんとか間に合わせようとしているうちに約束の時間を過ぎてしまうのは絶対にＮＧ。

STEP 3

受付

・あいさつをして名乗り、担当者に取り次いでもらう（P125 参照）。
・受付がない場合は、入口付近の人にあいさつをして取り次ぎを依頼する。

STEP 4

応接室へ入室

・入室したら会釈をし、勧められた席に着席。
※席の案内がなければ下座に着くのがマナー。
※担当者本人に案内してもらった場合は着席せずに、かばん・コートを置いて名刺交換する。
・かばんは足元に置き、コートがある場合はその上にコートを置く。
・お茶を出された場合でも、勧められるまで口をつけずに待つのがマナー。

STEP 5

あいさつ・名刺交換

・ドアノックの音がしたら立ち上がる。
・担当者が入室したらあいさつをする。
・初対面の場合は、名刺交換・自己紹介を行う（または同行者から紹介してもらう）（名刺交換は P126 参照）。

STEP 6

面談開始

・相手の担当者に勧められてから着席する。

11

他社訪問

受付

訪問先では、明るく感じよい態度ではっきりと名乗る

Check Point !

- アポイントの5分前には受付をする
- 自信を持った振る舞いで、はっきりと名乗る
- 受付係や警備員など、訪問先の方の指示に従う

モジモジせずに、はっきりと

最近では専門の受付係のいるような会社は少なくなりましたが、どんな受付であっても、名前や約束内容をはっきりと伝え、担当者への取り次ぎを依頼します。

このご時世、建物の中でウロウロしたり、受付でモジモジと自信なさげにしていては、取り次いでもらえるどころか、不審な目を向けられかねません。

あなたはアポイントを取りつけてあるお客様、堂々と受付に向かいましょう。

CA-STYLE流 +1

相手先では気を緩めずに

商談の決定権を持つ得意先の担当者に対しては、とても謙虚で感じがいいのに、受付や清掃の人に対しては、無愛想でなんの配慮もない残念な人がいます。

こういう人は必ずどこかでボロが出ますし、裏表のある態度はビジネスで一番大切な信用をなくしてしまいます。

相手先の社内では常に見られているという意識を持ち、周辺のお店や最寄駅などでも先方の批判をしたり、非常識な態度を取ることのないように気を引き締めて訪問しましょう。

基本的な受付方法

受付の前にお手洗いをすませ、携帯電話は電源オフかマナーモードにしておきましょう。

STEP 1　受付であいさつ

・どのような受付でも、感じよく明るい表情でまずあいさつを。

STEP 2　取り次ぎを依頼

・会社名・氏名を名乗り、相手担当者の部署・氏名・約束した時刻をはっきりとした口調で簡潔に伝える。

〈応対例〉「お世話になっております。わたくし○○商事の○○と申します。15 時に営業部の○○さんとお約束をしております」

STEP 3　案内を待つ

・取り次ぎを依頼した後は、受付係の指示に従う。
・待つように言われた場合でもウロウロと歩き回ったり、タバコを吸うのはＮＧ。

受付タイプ別　受付方法

CASE 1　警備員室などで、ビルの入館受付がある場合

さまざまな会社が入居するビルなどでは、会社での受付をする前に、セキュリティ上、入館受付が必要な場合がある。

POINT 1　**時間に余裕を持って到着する**

・会社名・氏名のほか、訪問先社名・時間などの必要事項を台帳に記入する。
・入館バッチをつけるよう指示を受けたら、胸などの見える場所につける。
・訪問先の会社の受付に向かう。
・退館時の入館バッチ返却も忘れずに。

CASE 2　内線電話での受付

・基本は有人受付と同じ。
・受話器を上げると同時に発信される場合もあるので、落ち着いて名乗る。
・部署ごとの内線番号一覧表が置いてある場合は、担当者の部署を探し、該当する番号をダイヤルする。
・電話が繋がったら、あいさつをし、会社名・氏名と相手の担当者名・アポイント時刻を伝えて取り次ぎを依頼した後、指示に従う。

CASE 3　受付がない場合

・オフィスの入口で、元気よく「おはようございます」「失礼いたします」とあいさつする。
・入口付近にいる人が応対に出てきたら、あいさつをして、基本の場合と同じように名乗り、取り次ぎを依頼する。

〈応対例〉「お忙しいところ、恐れ入ります。わたくし○○商事の○○と申します……」

✕・離れたところに担当者の姿を見つけても、大声で呼んだりしない。担当者が気づいていなければ取り次ぎを依頼。また、担当者が気づいた場合でも招き入れられるまではその場で待つ。ほかの社員の方々が仕事中であることを忘れずに。

12

名刺交換

ビジネスの常識が試される最初の一歩

Check Point !

- □ 名刺の残数・汚れのチェックはこまめに行う
- □ 名刺交換の作法を覚える
- □ 立場による名刺交換の順序を覚える

スムーズにできるのが当たり前

名刺はただのカードではなく、その人の分身のようなもの。取り扱いは「両手で、丁寧に」行うことが大原則です。名刺交換は自己紹介を兼ねた、コミュニケーションの第一歩です。この場面でスムーズに振る舞えないようでは、ビジネスの常識を心得ていないのではと、疑われてしまうかもしれません。どんな相手、どんな場面でも通用する名刺交換のマナーを身につけ、面談の好スタートを切りましょう。

名刺は常時、完備!

POINT 1 残数、汚れをこまめにチェック

・名刺を切らしていたのでは、チャンスをつかめないと心得る。
・汚れ・折れのある名刺を渡しては、あなたの人格が疑われる。
・必ず名刺入れに収納して携帯を。

× ・定期入れや財布などを、名刺入れの代わりにしないこと。

名刺交換の基本手順

実際には、次ページの「双方同時に交換する」ケースが一般的ですが、正式な手順を押さえましょう。

STEP 1　相手と向かい合って立つ

POINT 1　**必ず立って名刺交換**

・間にテーブルなどがある場合は、回り込んで相手の正面に立つ。
・自分の名刺を、相手が読める向きで両手で持っている状態。
・名刺ではなく相手の顔を見て（柔らかい表情で）。
×・座っての名刺交換はＮＧ！　商談を始めてから新たな人がやってきたら、立ち上がって名刺交換する

STEP 2　名刺を差し出す

POINT 2　**訪問者・受注側・目下の人から差し出すのが基本**

・「訪問者・受注側・目下の人」から「迎える側・発注側・目上の人」へ差し出す
・名刺は相手に読める向きに持つ
・両手で胸の高さに持つ
×・相手の持つ名刺より高い位置にならないように注意！
・名乗りながら差し出す

〈応対例〉「わたくし○○商事の◇◇◇◇と申します。どうぞよろしくお願いいたします」

STEP 3　相手の名刺を受け取る

POINT 3　**差し出された名刺は、両手で受け取る**

〈応対例〉「頂戴いたします」

×・相手の会社名やロゴなどの印刷を指で抑えないように注意
・胸の高さに相手の名刺をキープしつつ、名前を確認し一礼する。

〈応対例〉「××様でいらっしゃいますね。どうぞよろしくお願いいたします」

STEP 4　面談開始

POINT 4　**相手の名刺をすぐにしまわない**

・名刺を受け取った後は名刺入れの上にのせ、面談中はテーブルの上に置いておく。
・複数名の名刺をいただいた場合は、顔と名前を覚えやすいよう席順に並べる。
×・相手の目の前で名刺に書き込みをしない

双方同時に交換する場合

実際のビジネスシーンでは、こちらの交換方法が一般的です。

STEP 1 相手と向かい合って立つ

・前ページで紹介した基本と同じ要領で。

STEP 2 お互いが名刺を差し出す

POINT 1 相手の名刺入れをめがけて右側通行で差し出す

・名刺入れの上に名刺を用意し、両手で持つ（相手に読める向きで）。
・お互いに名乗り、右手で差し出す。

名刺入れは人差し指と中指で挟むように持つ。

STEP 3 お互いに名刺を受け取る

POINT 2 受け取った後、すぐに右手も添え両手で持つ

・左手の名刺入れの上で相手の名刺を受け取る（親指に神経を集中させ押さえるようにして持つ）。
・渡し終えたらすぐに、右手を受け取った名刺に添え、基本の両手持ちの状態にする。
・胸の高さにキープしたまま、お互いに名前を確認し一礼。
・読みにくい名前の場合はこの場で確認

〈応対例〉「恐れ入りますが、どのようにお読みすればよろしいのでしょうか？」

STEP 4 面談開始

・前ページで紹介した基本と同じ要領で。

こんな場合はどうすればいい？

CASE 1 目上の人から先に名刺を差し出された

・慌てて自分の名刺を探し出していると、目上の方をお待たせしてしまうことになる。
・この場合は、まず丁寧に名刺を受け取り、その後「申し遅れました」と改めて名刺を差し出す。

CASE 2 名刺を渡すタイミングを逃してしまった

・会話の切れ目で「最初にお渡しするべきでしたが……」と言って名刺を差し出す。

複数対複数の名刺交換

STEP 1

目上の人から順に名刺交換

POINT 1 役職が上の人同士が先に交換する

・訪問者・受注側・目下の側が役職順に並ぶ。
・役職が高い人同士が先に交換する。

STEP 1-2

待っている間に交換することも

・役職の高い人同士が交換している間、部下は待っているのがマナーだが、実際のビジネスシーンでは時間に余裕がない場合も多く、部下同士が先に名刺交換をするケースもある。

STEP 2

1人ずつずれて交換していく

・その後、順番に一人ずつ横に進み、先方の役職の高い人から順に交換していく。

CA-STYLE流 +1

名刺からさまざまな情報をキャッチする

堂々とした立ち居振る舞いでスムーズに名刺交換ができました。あなたの手元には相手の情報がぎゅっと詰まった名刺があります。

そこであいさつを終わりにしてしまうのではもったいない。ぜひともその名刺の情報から話を広げましょう。珍しいお名前・知っている地名・会社のロゴマークなどなど……。裏面にもいろいろな情報が記載されているかもしれません。あなたが興味を持った部分や目立っている表記は、相手の方にとってもきっとよく聞かれる自分の個性のようなもの。話題にすれば相手の方との距離も縮まりスムーズに商談に進めることでしょう。

13

人物紹介

ビジネスのご縁を取り持つ人物紹介

Check Point !

- □ 紹介する人の社名･部署名･名前をはっきり言える
- □ 仲介者と紹介する人の関係を理解している
- □ 紹介する順番の原則を心得ている

スマートな紹介でよりよい人間関係が始まる

ビジネスでは他者を紹介したりされたりする場面がよくあります。原則は、まず目上の人へ目下の人を紹介します。自己紹介の時以上に明るくハッキリとした口調で、紹介する人の「社名・部署名・役職・名前」を伝えます。役職名と名前の呼び方は社内と社外では違いますし、敬語のつかい方にも注意が必要です。（P146 ～参照）。スマートな紹介のしかたを身につけ、よりよい人間関係へと繋げましょう。

紹介の順序を覚えよう

先に紹介する人	▶	後で紹介する人
自社の人	▶	社外の人
身内	▶	他人
目下	▶	目上
1人	▶	複数のグループ

仲介者は両者の間に立ち、指を揃えて手のひらを上にして紹介者へ向ける。

さまざまなケースでの紹介のしかた

CASE 1 取引先へ自分の上司を紹介

POINT 1 自社の上司を先に紹介

1 上司を ▶ 取引先へ紹介

〈応対例〉「田中様、こちらが私どもの部長の吉田でございます」

2 取引先を ▶ 上司へ紹介

〈応対例〉「部長、こちらがいつもお世話になっている○○社販売部の田中課長です」

自社の上司 ▶ 取引先への紹介が先。

POINT 2 仕事内容なども紹介するとベター

〈応対例〉「新商品の販売キャンペーンを総括してくださっています」

CASE 2 取引先へ自分の2人の上司を紹介

POINT 2 役職順に紹介

1 役職が高い上司を ▶ 取引先へ紹介

〈応対例〉「田中様、こちらが私どもの部長の吉田でございます」

2 役職が低い上司を ▶ 取引先へ紹介

〈応対例〉「同じく課長の鈴木でございます」

3 取引先を ▶ 上司2人へ紹介

〈応対例〉「こちらが、いつもお世話になっている○○社販売部の田中課長です」

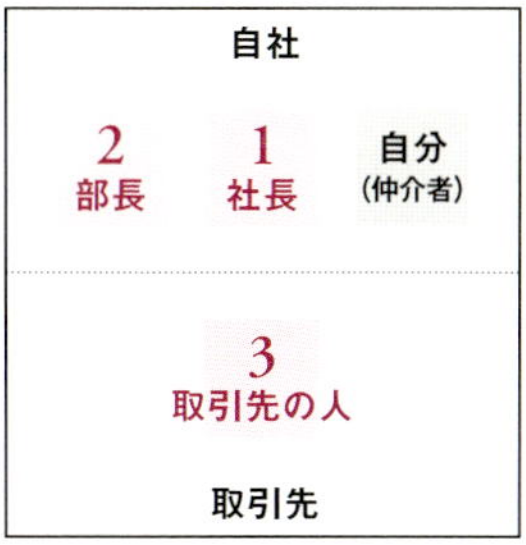

CASE 3 それぞれが自社の複数の社員を紹介

POINT 3 訪問者・受注者側から招く側・発注者側への紹介が先

[こちら側が受注者である場合には……]

1, 2 こちら側が役職順に ▶ 相手側へ紹介
3　こちら側の仲介者が自己紹介
4, 5 相手側が役職順に ▶ こちら側へ紹介
6　相手の仲介者が自己紹介

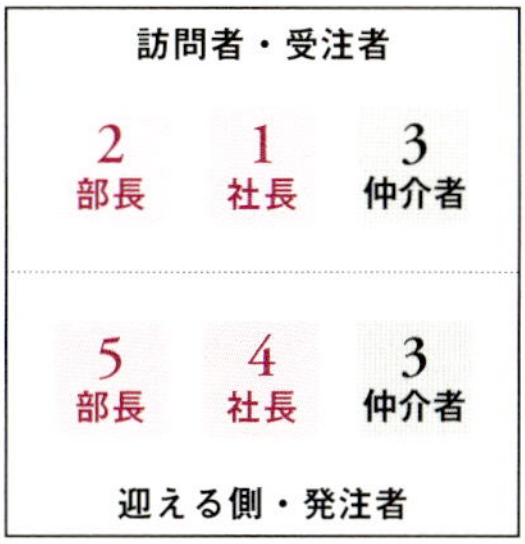

CASE 4 他社の人同士を紹介

POINT 4 より親しい取引先を先に紹介

1 親しい会社の人を ▶ 他方の会社の人へ紹介

〈応対例〉「こちらが、○○社営業部課長の山本様です」

2 他方の会社の人を ▶ 親しい会社の人へ紹介

※ただし、役職が明らかに違う場合などは目下 ▶ 目上の順に紹介。

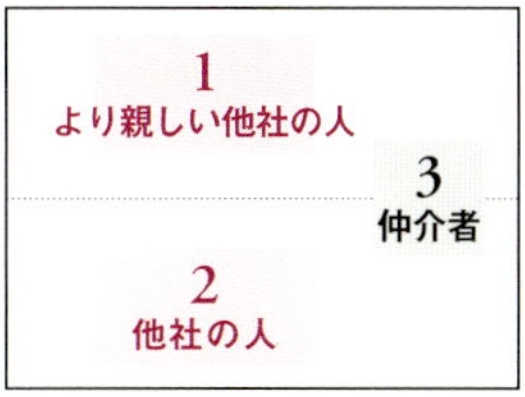

14

初めての商談

導入はスムーズに、締めくくりはしっかりと

Check Point !

- □ 雑談の話題をいくつかストックしてある
- □ 「ひと言会社紹介」・「ひと言自己紹介」がすぐに言える
- □ 面談を終わらせるのは訪問者側。面談内容の確認とお礼を忘れない

和やかな空気を作って、導入をスムーズに

ビジネスチャンスをつかむか否かの面談のときは、程度の差こそあれ、誰しも緊張するものです。でも、それはこちら側に限ったことではありません。

面談する相手だって、ビジネスで会社に利益をもたらすためにはさまざまな駆け引きをする必要もあるので、身構えているはず。ましてや初対面ともなれば、あなたの人物像を知らないわけですから警戒心を持つのが当然です。

そんな緊張感や警戒心をほぐしてくれるのが、軽い会話・雑談です。雑談では、その内容がどうかということより、話す時の話しぶりや表情・態度を通して、その人の人柄を感じ取っているものです。

少し心が軽くなるような世間話をすることで、緊張していた互いの顔が自然に笑顔になり、気持ちが同調していきます。そして相手はあなたに親近感を抱き始めることでしょう。その結果、お互いがリラックスした雰囲気で本題へと移っていけるのです。

張り詰めた雰囲気の中、ガチガチに緊張してぎこちなく本題に入るのと、お互いの心の壁を取り除き、和やかな雰囲気の中で本題に進むのとではどちらがよい結果に繋がるかは、想像するまでもありませんね。

商談全体の流れ

STEP 1

あいさつ・名刺交換の流れで……

自己紹介　初対面なら簡単な自己紹介をする

雑談　初対面ではない場合は、雑談をして会話を交わす。▶ 次ページの説明を参照

STEP 2

本題に入る ▶ 2ページ後の説明を参照

説明　説明は、事前に用意した資料をつかってわかりやすく。

交渉　こちらが一方的に話すのではなく相手の要望や問題点・疑問点を聞く。

契約など　契約のための必要書類は予め用意しておく。

STEP 3

辞去 ▶ 2ページ後の説明を参照

辞去　辞去のタイミングは訪問者から切り出す。

STEP 1

その① 自己紹介のポイント

POINT　**「会社について・自分について」ひと言ふた言で簡潔にできる説明フレーズを常に考えておこう。**

■会社について

・会社の事業内容
・所属部署の業務内容、担当の領域など

〈応対例〉「オーガニックの食材を現地で生産・管理し、日本に紹介しています」
「先日は○○という雑誌でも取り上げられました」
「受注から納品までのすべての流れを請け負っています」など

■自分について

・自分の普段の業務、担当領域
・仕事に関連する得意な分野や趣味

〈応対例〉「納品後も、直接販売店様へ出向いてさまざまなお悩みをうかがったり、情報を提供したりしています」
「品川区・大田区を担当しています」
「アメリカに２年おりましたので、現地の農場に知り合いがたくさんいます」など

STEP 1

その② 雑談のポイント

POINT 本題に入る前に雑談で場を和ませる

・自己紹介である程度話を展開でき場が和めば、それに越したことはない。
・それほど話が続かなかった場合や初対面ではない時には、本題に入る前には少し雑談があるとよい。
・相手を不愉快にさせたり、議論になったりしない、当たり障りのない話題を選ぶ。

仕事関係の話題

訪問先について	環境	「綺麗なオフィスですね」「立派なビルですね」「通りの桜並木が見事ですね」
	トピックス	「新商品が発売されるのですね」「新しい工場ができたのですね」 「御社の社長がテレビで取り上げられていましたね」
担当者について	「珍しいお名前ですね、ご出身はどちらですか?」「おしゃれなデザインのネクタイですね」	
共通の知人について	「先日転勤なさった山田さんはお元気ですか?」 「開発部といえば、弊社の佐々木をご存知でしょうか?」	

いつでも・だれとでも、会話をする時につかいやすい一般的な話題

天気・気候	「暖かくなってきましたね」 「雨が降りそうなお天気ですね」 「富士山が初冠雪したそうですよ」	・誰とでも共有できる一番無難な話題 ・天気予報のコメントからヒントを得るのもよい
明るいニュース	「○○新幹線が開通しましたね」	・事件などの暗いニュースは避ける
スポーツ	「サッカーで日本が勝ちましたね」 「○○監督もついに引退ですね」	・特定のチームを批判するようなことは言わない
趣味	「ゴルフがお好きとうかがいましたが……」	・以前の担当者から情報を引き継いでおくのもよい
家族	「お子さんはかわいいでしょうね」	・小さい子供やペットの話題は話しやすいが、あまり立ち入った話を好まない人もいるので注意
衣	「素敵な時計ですね」	・相手をよく観察してこだわっていそうなところに注目する
食	「この近くのラーメン屋さんによく来ます」	・グルメに関する話題も、盛り上がりやすいテーマ
住	「今朝の○○線の遅れには参りました」 「ご自宅はお近くですか?」	・自分のことを先に言うと話しやすい

こんな話題は避けたほうが無難

・宗教について
・政治、政党について
・自慢話
・会社や人の悪口
・自社の内部事情
・会社の経営状況について
・訪問先のライバル企業について

STEP 2 本題に入る（一般的な商談のポイント）

■説明のポイント
・わかりやすいように資料やサンプルを活用
・相手にとってどのようなメリットがあるかを提示
・相手の要望やニーズを探る
・質問や不明点には１つずつ丁寧に回答
・あいまいな返答や確かではない情報は言わない。回答できない問題や、調べなければいけないことは帰社後にきちんと調べて報告する旨を伝える

■交渉のポイント
・お互いの具体的な条件のすり合わせを行う
・会社に持ち帰っての確認が必要な場合など、自分だけの判断で無責任な約束はしない
・なかなか妥協点が見つからない場合は、無理強いせず、日にちを改める

■契約締結のポイント
・スムーズに必要書類などを提示できるように、予め準備しておく
・今後のスケジュールなどを共有する

STEP 3 辞去（辞去のしかた）

POINT 1 話を切り上げるのは訪問した側（自分側）から

・話の切れ目で、「では、そろそろ……」と面談を終わらせる方向に導く

POINT 2 重要事項を最後に再確認する

・最後に、面談の決定事項や持ち帰る問題点、今後のスケジュールなどをお互いに再確認し、お礼を伝える

〈応対例〉
「それでは、○○の件は会社に戻りしだい、確認してご連絡いたします」
「どうぞ前向きにご検討下さいますよう、よろしくお願いいたします」
「本日はお忙しい中、貴重なお時間をいただきありがとうございました」
・約束の時間内に終わらせる事が原則だが、話し合いが長引くようなら、「もう少しお時間をよろしいでしょうか」と相手に確認することも必要

CA-STYLE流 +1

雑談、侮るなかれ

雑談には「議論・結論は不要」というルールがあります。たとえ反論があったとしても、あまり深く追求することは避けましょう。

初対面では、話の内容よりも話す人の表情や話しぶりの印象のほうが強く残るもの。明るい話題を話すあなたの明るい表情と親しみやすさは、相手の記憶にしっかりインプットされるのです。後々、「あの、感じのいい人に仕事をお願いしたい」と思い出してもらえたら、これほど嬉しいことはないですよね。

15

社外打ち合わせ

依頼したほうがスマートに取りしきる

Check Point !

- □ ビジネスの打ち合わせの場としてふさわしい場所を選ぶ
- □ 事前に場所の詳細や携帯番号などを伝える
- □ 注文や支払いなどは、もたつかずにスムーズに行う

事前に万全の準備を

外で打ち合わせをする場合、場所選び、飲み物などの注文・支払いは、打ち合わせを依頼したほうが率先して取りしきりましょう。

STEP 1 場所選び

POINT 1 わかりやすく、落ち着いた場所を選ぶ

- ・ホテルのラウンジや落ち着いた喫茶店など、わかりやすく便利な場所を選ぶ。
- ・隣の席との間隔が広く、書類を広げられる大きさのテーブルがあればなおよい。

STEP 2 相手に場所を知らせる

POINT 2 相手に手間をかけさせない気配りを

- ・店名と所在地だけでなく、お店の地図や目印などを予めメールやＦＡＸなどで伝えておく。
- ・店内で待ち合わせをするのか、それとも店舗入口や最寄り駅で待ち合わせるのかも、細かく決めておく。

STEP 3 不測の事態に備える

POINT 3 当日の連絡手段を確保する

- ・交通の遅れや急な連絡のために、お互いの携帯電話の番号を交換しておくとよい。

社外打ち合わせ　当日の流れ

STEP 1　待ち合わせ場所に到着

POINT　**約束の10分前には到着する**

- 打ち合わせの依頼者は、相手より先に待ち合わせ場所にいることが望ましい。
- 約束した時間の10分前には到着できるようにする。
- 店内で待つ場合は、見えやすいように入口に顔を向ける席に座る。
- 注文はせず、店員には待ち合わせであることを告げる（水は飲んでもよい）。
- 可能であれば、この段階で相手に自分の状況をメールなどで伝えるとスムーズ。「青いネクタイをして左手の窓側に座っています」などと、相手が見つけやすくなる配慮を。

STEP 2　相手が到着

- それらしい人が来たら、こちらから近づいて、明るくはっきりと名乗る。
- 相手の会社名などは口にしないほうがよい。
- 座る前にあいさつをし、初対面なら名刺交換をする。
- 入口から遠い、奥の席が上座となる。
- 出入口に顔を向けて座っている（STEP1参照）と、その席が上座にあたるので、あいさつをしたタイミングで「どうぞ奥へ」と席を譲る。

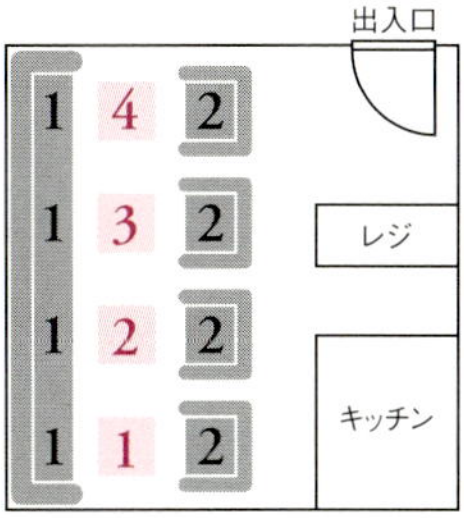

STEP 3　飲み物を注文

- 打ち合わせの依頼者が飲み物の注文をまとめ、店員に伝える。
- 相手には希望をうかがい、自分もそれに合わせるか、コーヒー・紅茶などの無難なものを注文する。

STEP 4　打ち合わせ開始

POINT　**公の場であることを忘れずに**

- 飲み物が揃ってから打ち合わせを始める。
- 周りには不特定多数の人がいることを配慮し、大きな声で話したり、機密事項を話すことは避ける。

STEP 5　支払い

POINT　**原則として、打ち合わせの依頼者が支払う**

- 予め伝票を自分の近くに置いておき、相手がトイレに立った時などにスマートに支払う。

16

個人宅への訪問

「お邪魔させていただく」という気持ちを持って

Check Point !

- □ 訪問時間は相手の生活スタイルに合わせる
- □ 約束の時間より少しだけ遅めに訪問する
- □ 靴を脱ぐことを考慮した身だしなみを心がける

個人宅への訪問　事前準備

STEP 1 アポイントメント （P118 参照）

POINT 1 早朝・夜間、食事の時間帯は避ける

- その家庭の生活リズムに合わせ、先方の都合を考慮する。
- 一般的には、10時～11時、14時～16時を目安にする。
- 書類の受け渡し程度なら玄関先で済ませ、面談が必要なら所要時間の目安を伝える。

STEP 2 電話確認

POINT 2 前日に再確認の電話を入れる

- アポイントを取っていても先方が忘れていたり、急用が入ってしまうこともあるため、前日に確認の電話を入れる。

STEP 3 持ち物・身だしなみを整える

POINT 3 靴を脱ぐことを考慮して

- 当日は靴を脱ぐことを考え、靴の手入れ、靴下やストッキングの汚れ・破れのチェックを。
- 和室に通される場合もあるので、女性はタイトスカートなど正座しにくい服装は避ける。
- 持ち物として、手土産を持参するか上司に確認。持参する場合は家族構成を考えた品物を選ぶ。

会社訪問以上にきめ細かい配慮を

ご近所での振る舞いにも注意を。路上での喫煙、大声での電話、路上駐車などの行為は避け、くれぐれもお客様にご迷惑をおかけしないように、心配りをしましょう。

個人宅への訪問　当日の流れ

STEP 1

訪問先に到着

POINT　**アポイントの時間より２～３分遅めにインターホンを鳴らす**

・個人宅に訪問する場合、受け入れ準備が遅れることが多いため、約束の時間より早く訪問するのはＮＧ。

・身支度を整えてからインターホンを押す。

※会社訪問と同様、冬場のコートなどは脱ぎ、夏場に脱いでいたジャケットは着る。傘はしずくをよく切って閉じておく。

STEP 2

玄関へ入る

・玄関に入ったら社名・名前を述べ、名刺を渡す。

・ご家族が対応に出た場合は、約束していることを告げて、取り次ぎを依頼する。

・「上がってください」と招き入れられたら、「失礼いたします」と正面を向いたまま靴を脱ぎ、土間から上がる。

・その後、靴の向きを変え、端に揃えておく。

靴を揃えるときは、先方にお尻を向けないよう体を斜めにして膝をついて。

STEP 3

入室

・部屋に入室したら、席を勧められるまでは下座にいる。

・和室の場合、勧められるまでは、座布団の上に座らないで横に座る（P35参照）。

・面談相手が入室したら、改めてあいさつをする。洋室なら立ち上がって、和室なら座礼。

・手土産がある場合は、あいさつが終わった後に、紙袋から出して渡す。

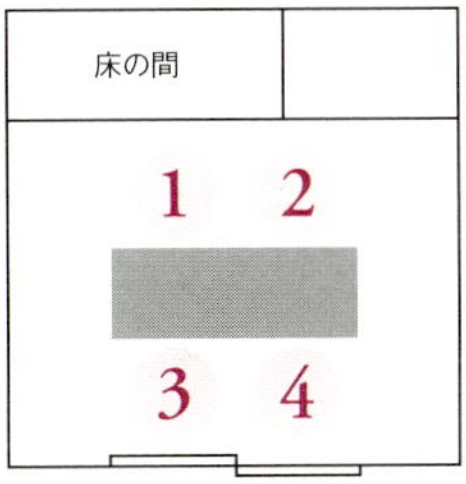

床の間に近い席が上座（P●参照）

STEP 4

面談中は……

POINT　**プライバシーに配慮を**

・勝手に調度品などに触れる、じろじろと部屋を眺め回す、ほかの部屋を覗くなどしないこと。

・お手洗いは訪問前に済ませるのが原則だが、もし借りる場合は必ず断って場所を尋ねる。

STEP 5

辞去

・用件を済ませたら必要以上に長居をせず、訪問した側から辞去を切り出す。

〈応対例〉「本日は貴重なお時間をいただきましてありがとうございました」

・玄関先で靴を履いたあと、もう一度丁寧にあいさつを述べる。

17

出張時の心構え

しっかり準備、きちんと報告！

Check Point！
- □ 出張申請書、報告書、精算など社内の手続きを理解する
- □ 事前の下調べを綿密に行い、余裕を持ったスケジュールを組む
- □ 出張先からはこまめに連絡をする

旅行気分を抑え、最後まで緊張感を持って

会社が交通費や宿泊費などを支払って、あなたを遠方の訪問先へ向かわせてくれるのが出張。業務の一環であることを忘れず、たとえ、訪問先から歓迎の接待を受けたとしても、節度を保ち、業務に支障をきたすことのないようにしましょう。

また、出張にはさまざまな申請が必要となります。会社のルールにのっとり、事前に確認が必要な事項、帰社後に報告・提出が必要な事項をしっかりと把握し、早めに手続きをすませましょう。

出張　出発当日までの準備

■事前に確認しておく事項

・出張日程　・出張の予算　・同行者の有無　・訪問先の住所、連絡先　・手土産の有無
・現地までの交通手段、時間　・現地での交通手段、時間　・宿泊するホテルの住所、連絡先
など

■出張時の持ち物

・航空券、切符　・面談資料　・名刺　・携帯電話、充電器　・手帳、筆記用具、印鑑
・着替え、洗面用具、常備薬　・手土産　・パソコン、電卓　など

出張の流れ

STEP 1 社内手続き

・上司に出張の承認を受け、出張申請書など社内ルールに従って書類を作成し提出。

STEP 2 スケジュール調整

・日程を確認し、現地までの交通手段やホテルの手配をする。
・出張先で訪問する会社とアポイントをとる。
・慣れない土地での移動には時間がかかることも想定し、余裕を持ってスケジュールを組む。

STEP 3 不在時の引き継ぎ

・留守中の業務をフォローしてくれる人に引き継ぎを依頼し、必要事項を伝える。
・訪問先、宿泊先、緊急連絡先などを記載した日程表を職場に提出する。

STEP 4 出発〜現地到着

・時間に余裕を持って空港・駅に到着。
・訪問先への手土産は出発前に準備しておく。
・上司に同行する場合は乗り物内での席次にも注意（P113 参照）。
・長時間の移動で身だしなみが乱れていないか、現地到着時にチェック。

STEP 5 現地での業務

・土地勘のない場所では、乗り換えで時間がかかったり道に迷うこともあるので、早めに訪問先へ到着できるように余裕を持って行動する。
・訪問先との面談については、122 ページから始まる一連の他社訪問のマナーを参照。

STEP 6 業務終了

・現地での業務が終了したら、会社に電話連絡。
・上司に状況報告をし、自分宛てに連絡事項がないか確認する。
・翌日以降も現地で仕事があるなら、翌日の行動予定を伝える

STEP 7 宿泊

・環境の変化などで体調を崩さないように気をつける。
・宿泊先の領収書などは保管。
・訪問先で食事に誘われた場合などは、節度をわきまえて行動する。
・出張予算を超過した場合、超過理由によっては差額分は自費負担となる。

STEP 8 帰路

・自分の職場へのお土産は基本的には不要。
・ただし、不在時の業務フォローなどでお世話になった人へのお礼など、配慮は必要。
・お土産を持参するのが、職場の慣例になっている場合もあるが、お土産の費用は自費負担。

STEP 9 帰社後

・上司に訪問先の状況や成果などを報告。
・不在時に業務フォローをお願いした人へお礼を述べ、留守中の業務を引き継ぐ。
・訪問先へ無事に帰社したことを報告し、面談のお礼を伝える。
・早めに出張報告書を作成し、経費の精算をする。

18

訪問後のフォロー

面談のご縁を活かすのはフォローしだい

Check Point !

- その日のうちにお礼のメールかハガキを出す
- 面談中に答えられなかったものは早急に回答する
- 商談成立後も継続的なフォローをする

まずはお礼を

面談がどのような結果でも、貴重な時間を割いて会っていただいたことに対して改めてお礼の言葉を伝えましょう。なるべくその日のうちにメールや手紙・はがきで、感謝の気持ちを伝えるといいでしょう。

お礼を伝えると、その後のフォローの連絡もしやすくなります。面談ではとても感じがよかったのに、その後ぱったり連絡がない……ということでは、お客様からの信頼も得られません。ご縁を繋げるもなくすも、あなたのフォローしだい。こまめなフォローで人間関係を深めていきましょう。

面談の感謝の気持ちは、誰に対しても必ず伝えよう

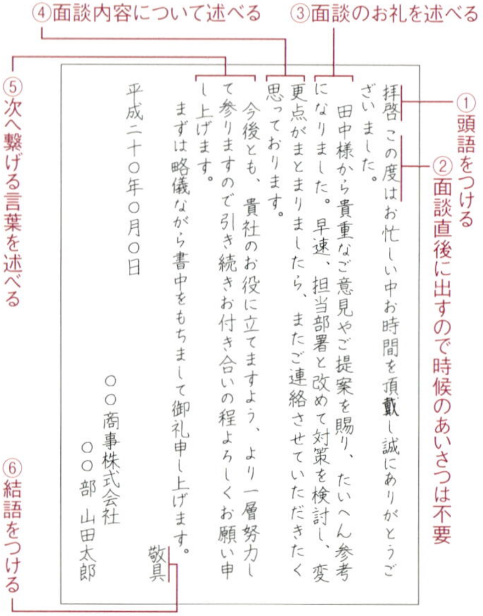
①頭語をつける
②面談直後に出すので時候のあいさつは不要
③面談のお礼を述べる
④面談内容について述べる
⑤次へ繋げる言葉を述べる
⑥結語をつける

拝啓　この度はお忙しい中お時間を頂戴し誠にありがとうございました。

田中様から貴重なご意見やご提案を賜り、たいへん参考になりました。早速、担当部署と改めて対策を検討し、変更点がまとまりましたら、またご連絡させていただきたく思っております。

今後とも、貴社のお役に立てますよう、より一層努力して参りますので引き続きお付き合いの程よろしくお願い申し上げます。

まずは略儀ながら書中をもちまして御礼申し上げます。

敬具

平成二十〇年〇月〇日

〇〇商事株式会社
〇〇部　山田太郎

日常的な打ち合わせの後などはメール、新規訪問先や大切なお客様には手紙・ハガキで。

訪問後のフォローのしかた

POINT フォローのチェックシートを作成

・面談で話した内容を記録し、それぞれのお客様に対してどうフォローしていくか、またどの段階までフォローがすんでいるかを確認できるよう、チェックシートを作成するとGOOD。

STEP 1

検討中のお客様へ

POINT 答えられなかった問題は早急に回答

・保留にしてしまった事案は速やかに調査や確認作業を行い、わかりしだい正確に伝える。　・迷っている方には、さまざまな切り口で提案をしてみる
・具体的な見積もりの連絡　・具体的な導入事例の紹介
・次回の商談の日程調整　など

STEP 2

商談成立のお客様へ

POINT お客様にとってはここからが始まりと心得る

・契約が取れたからと安心して、納品まで放置することのないように。
・以下の項目をわかった段階で伝える
1. 納品までの正確なスケジュール　2. 具体的な手続きの方法
3. 納品に向けた作業の進捗状況　4. 変更点や追加事項　など

STEP 3

納品後のお客様へ

POINT 引き継ぎ部署に任せっぱなしにしない

・納品後の製品に責任を持ち、定期的にフォローの連絡を入れることでお客様に安心感、信頼感を与えることができる。　・製品の状況に不具合はないか確認
・製品をつかってみての感想や評判を聞く　など

STEP 4

固定客になっていただくために

POINT 次の商談に繋げるためのフォローをする

・１つの取引が終わった後も、引き続き定期的に連絡をとり続けることで、別の案件や新規客の紹介に繋がる。　・新商品や新サービスの紹介
・パンフレットの改訂版の案内　・業界の情報やセミナー情報の紹介　など

CA-STYLE流 +1

トラブルもフォローしだいではチャンスに

「面談で答えられない質問があった」「納品した製品に不具合があった」など、時にはスムーズにいかない場合もあります。

落ち込むばかりではなく、起こった事実を振り返り、解決策を示すなど１つひとつ丁寧な対応を心がけましょう。あなたのフォローによってお客様が納得してくださったら、そこには大きな信頼感が生まれます。

CA-STYLE流 +1

Wide

必要なのは アイテムではなく“心配り”

ホテルなどとは違い、限られた空間の旅客機内では、サービスのアイテムも必要最低限しか搭載されません。

そのような中で、どうしたらおもてなしの心が伝わるか、どうしたらお客様に喜んでいただけるか――そう考えるCAたちは、実に細やかな心配りをしています。

たとえ質素な紙コップでお飲み物をお出しする時でも、両手で持つのが基本。口をつける部分を触らないようにカップの下半分を持ちます。少し距離がある窓側のお客様へは両手でお渡しすることができませんが、もう片方の手を添える仕草でおもてなしの心を伝えます。差し出す手が別のお客様の前を通るときには、「前を失礼いたします」のひと言も欠かしません。

このようなちょっとした心配りで、ただお茶を一杯出すという所作も格段に丁寧さが増すのです。

多くの人がつかうお手洗いにもひと工夫ありました。CAが頻繁にトイレ掃除をするのは日本の航空会社の長所ですが、さらに折り紙でお花を折って飾ったり、絵はがきを切り抜いてディスプレイしたり……殺風景な機内を和やかにするアイデアでした。

また、特にアイテムの少ない国内線でも、キャンディに「風邪にお気をつけください」と書いたメモを添え、小さな袋に詰めてお客様にお配りしたこともありました。寒い時期にはたくさんのお客様に喜んでいただけました。

おもてなしに必要なのはアイテムではなく、小さな工夫や心配りなのです。

オフィスには仕事以外のアイテムが揃っていないことも多いでしょう。でも、あなたのちょっとしたアイデアや声がけで、職場の雰囲気を和やかにし、お客様をおもてなしすることは十分に可能なのです。

4 言葉づかいのマナー

1 敬語のしくみ

美しい言葉で信頼度アップ！

Check Point！

- □ 尊敬語と謙譲語の違いがわかる
- □ 丁寧語ですませてはおかしい場合がわかる
- □ 慇懃無礼にならないよう心を込めて敬語をつかう

話す言葉で、その人のできる度合いがわかる！

みなさんは、ご自身の話し方に自信がありますか。いらっしゃる・うかがう・参るの違いは何か言えますか。ビジネスの場では、正しい言葉づかいができないだけで相手から信用されなくなります。わかっているつもりでも、意外と間違えてつかっている人が多い、敬語についてもう一度復習してみましょう。

■ぜひ覚えたい丁寧な言葉

誰	▶	どなた どちら
いま	▶	ただいま
すぐに	▶	さっそく
さっき	▶	先ほど
もうすぐ	▶	まもなく
ちょっと	▶	少々

今日	▶	本日 （ほんじつ）
昨日 （きのう）	▶	昨日 （さくじつ）
明日 （あした）	▶	明日 （みょうにち）
おととい	▶	一昨日 （いっさくじつ）
去年	▶	昨年
今度	▶	このたび

そっち	▶	そちら
どっち	▶	どちら
こっち	▶	こちら
でも	▶	しかし
本当に	▶	誠に
じゃあ	▶	それでは

■敬語の種類

三分類	五分類	用法	代表例
尊敬語	尊敬語	相手側または第三者を立てる敬語 〈相手側または第三者の行為などを述べる時〉	いらっしゃる・おっしゃる お〜になる
謙譲語	謙譲語Ⅰ	行為が向かう先（相手側または第三者）を立てる敬語 〈自分や身内の行為などを述べる時〉	うかがう・申し上げる お〜する
	謙譲語Ⅱ （丁重語） ※以下、 「丁重語」と表記	実際に会話をしている相手に敬意を払う敬語 〈自分や身内の行為などを述べる時〉	参る・申す・〜いたす
丁寧語	丁寧語	実際に会話をしている相手に丁寧に述べる言葉 〈広くさまざまなことを述べるのにつかえる〉	です・ます・ございます
	美化語	ものごとを美化して述べる言葉 〈敬意を含まない場合でもつかう〉	お酒・お料理

※五分類とは、『敬語の指針』（平成19年2月2日　文化審議会答申）において、従来の敬語の三分類（尊敬語・謙譲語・丁寧語）を補足するために、示されたもの。

CA-STYLE流 +1

どんなに丁寧でもNGの場合

どんなに丁寧な言葉をつかっても、言っていいことと言うべきではないことがあります。

ある日の旅客機のなかで、お客様からこのようなお申し出がありました。

「（小声で）あの、隣の人の足が臭いんですけど、どうにかなりませんか？」

隣の席を見てみると、靴を脱いでリラックスしているお客様の姿がそこにあったそうです。新人CAだったA子さんは、自分なりに一生懸命考えた上、「お客様、おくつろぎのところたいへん恐れ入りますが（いい枕詞ですね）、おみ足がお臭《くそ》うございます」と言ったそうです。

その後、A子さんがどうなったのか定かではありませんが、上司が笑いながら呆れていたことを覚えています。このような場合は代替案を考えましょうね。

敬語（五分類）　敬意を表す先の違い

1. 尊敬語

［自分より目上の］取引先の佐々木社長が**いらっしゃい**ました。

行為をする人を立てる敬語

2. 謙譲語Ⅰ

私が［自分より目上の］取引先の佐々木社長のところへ**うかがい**ます。

自分側の行為の向かう先を立てる敬語

3. 丁重語（＝謙譲語Ⅱ）

私が取引先の佐々木社長のところへ**参り**ます（と［自分より目上の］山田部長に述べる）。

自分側の行為を丁重に伝えることで、話す相手に敬意を表す敬語

4. 丁寧語

私が同期の鈴木さんのところへ行き**ます**。
同期の鈴木さんが私のところへ来**ます**。
（と〈話す相手の〉同期の高橋さんに述べる）

話す相手に丁寧に述べる言葉

5. 美化語

花→**お**花　　茶→**お**茶　など。

ものごとを美化した言葉
（敬意を含まない場合もある）

立場による敬語のつかい分け

■具体的なつかい分けのポイント

POINT 1 自分のことを話す時は、謙譲語Ⅰまたは丁重語をつかう（同僚・後輩・家族以外）。

〈例〉すぐに山田部長のところにうかがいます。
すぐに参ります。

POINT 2 社外の人（その身内も含む）のことを話す時は、状況に関係なく尊敬語をつかう。

〈例〉山本様（社外の人）が、おっしゃいました。
山本様の奥様が、お見えになる。

POINT 3 社内の同僚や後輩に対しては丁寧語をつかう。

・同僚や後輩本人と話をする時、かしこまりすぎた言葉をつかうのは不自然。社会人としては丁寧語をつかうとよい。

CASE1 同僚である鈴木さん本人と話す場合
→10時に鈴木さんのところに行きます。

CASE2 上司に対して、鈴木さんのことを話す場合
→鈴木さんがそのように話していました。

CASE3 社外の人に対して、鈴木さんのことを話す場合
→鈴木がそのように申しておりました。

※社外の人に対しては、次のPOINT4の場合と同様に、社内の身内のことは謙譲語Iまたは丁重語をつかう。

POINT 4 社内で上司や先輩のことを話す時は尊敬語をつかう。ただし、社外の人に対して上司や先輩のことを話すときは謙譲語Ⅰまたは丁重語をつかう。

CASE1 社内の上司である山田部長本人に話す場合
→山田部長は、何時にいらっしゃいますか？

CASE2 社内の人に山田部長のことを話す場合
→山田部長が10時にいらっしゃるとおっしゃっていました。

CASE3 社外の人に山田部長のことを話す場合
→（部長の）山田が10時にうかがうと申しておりました。

CASE4 社外の人からの電話へ応対する場合
→ただいま（部長の）山田は席を外しております。

■「身内」と「社外（外部）」とで、敬語をつかい分ける

・身内のことを話す時は**尊敬語**をつかわないことが大前提。

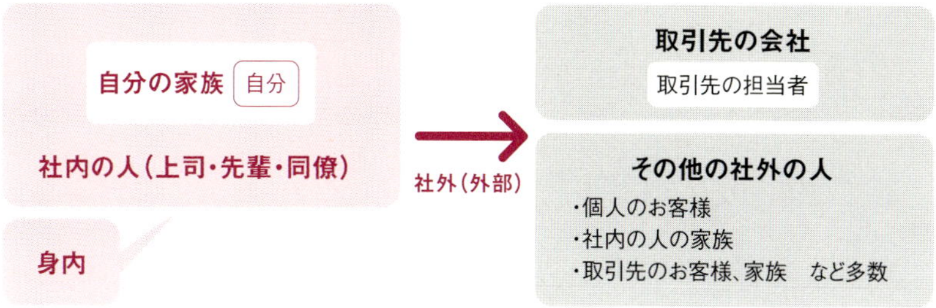

■同じ「山田部長」のことを話す場合でも……

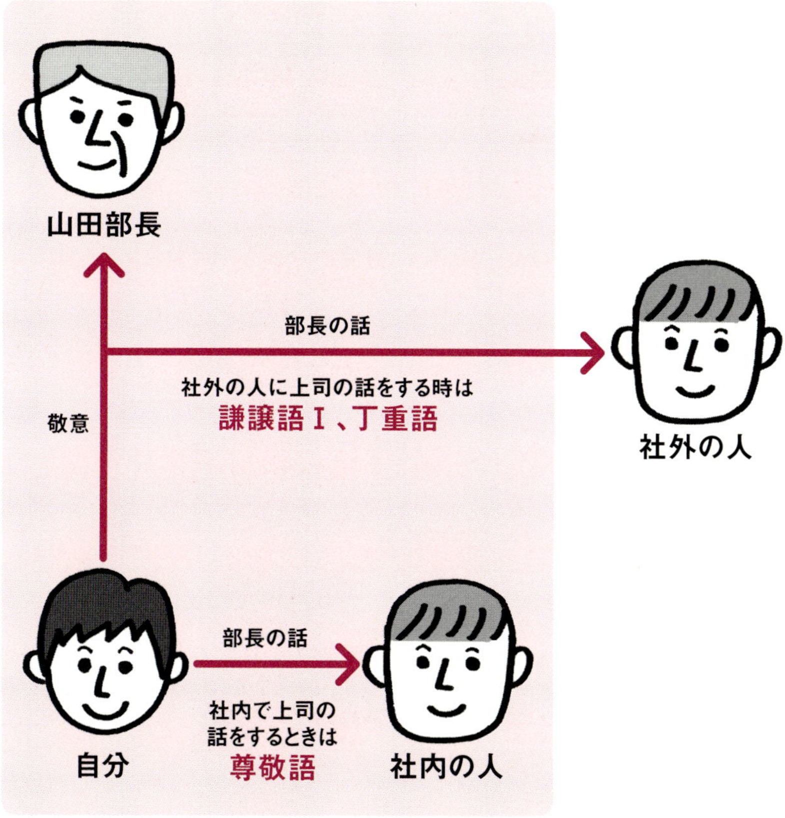

2 注意したい言葉づかい

無意識にNGワードをつかっていませんか

Check Point !

- □「〜のほう」という言葉は方角を示す時にだけつかう
- □「超〜」「やっぱ」などの若者言葉をつかわない
- □過去の出来事以外のことを尋ねる時に「よろしかったでしょうか」と言わない

自分の口癖を再確認してみましょう

言葉の習慣は怖いもので、悪気はないのに相手に嫌な思いをさせてしまうことがあります。

普段、何気なくつかっている言葉が正しいかどうか、もう一度確認をしてみましょう。

CA-STYLE流 +1

コーヒーがいいの？　コーヒーでいいの？

機内でCAがご希望のお飲み物をおうかがいする際、意外と耳にするのが「コーヒーでいいや」というお客様の言葉。そのような時はいつも、本当はほかの物が欲しいのに遠慮をしてコーヒーでいいと言ってくださっているのかと戸惑いました。ところが実際には、ほとんどの方がコーヒーをご希望されていたのです。

この表現を「コーヒーがいいです」「コーヒーをお願いします」に変えるだけで、印象は大きく変わります。プラスのイメージの言葉をつかう習慣を身につけることで、相手に前向きなよい印象を与え、人間関係も円滑に回ります。ぜひ習得したい敬語の表現のひとつです。

要注意!　気に障る言葉づかい

NGワード1　よろしかったでしょうか

×「お茶でよろしかったでしょうか」
○「お茶でよろしいでしょうか」

POINT 過去の出来事について話をする場合にのみ、過去形をつかうこと。

NGワード2　〜のほう

×「コーヒーのほうは、いかがですか」
○「コーヒーは、いかがですか」

POINT 「〜のほう」は、方角を示す時にだけつかうこと。

NGワード3　〜になります

×「スパゲティーになります」
○「スパゲティーです」／「スパゲティーでございます」

POINT ほかのものがスパゲティーに変化するのか否か。答えは明白。

NGワード4　私的（わたしてき）には〜

×「私的には、A社と契約をしたいと思います」
○「私といたしましては、A社と契約をしたいと思います」

POINT 自分の主張をぼかした印象。ほかにも日本語としても間違っている「○○的」という言葉づかいが見受けられる（「御社的には」など）。ムダな言葉は省くこと。

NGワード5　一応、とりあえず

×「一応（とりあえず）、報告書ができました」
○「報告書ができました」

POINT 「一応」という表現をつかうと、きちんとできていないのか、手を抜いているのか、と思われかねない。

気をつけたいNGワードはほかにもいろいろ——

超〜、〜って感じ、逆に〜、そっち・こっち、微妙、ありえない、全然いい、やばい、ていうか、だって　など

3 クッション言葉

柔らかく伝わる表現を身につけましょう！

Check Point !

- □ クッション言葉とは何か理解する
- □ 3つ以上のクッション言葉を覚える
- □ 実際にクッション言葉をつかってみる

今までの言葉の前に、ひと言添えて

ビジネスシーンでは、「言いづらいけれど、どうしても伝えなければならない」という場面に出くわすことがあります。そのような時に役に立つのが「クッション言葉・枕詞」です。これをつかうことで、同じ内容を伝えても、文字どおり相手に柔らかい印象を与えます。

柔らかく伝わるクッション言葉

Q お客様に連絡先を記入していただく時に、どちらが柔らかい印象で伝わるでしょう？

1. こちらにご連絡先を記入してください。
2. お手数ですが、こちらにご連絡先を記入してください。

A 「お手数ですが～」と相手の手をわずらわせることを気づかっている「2」の表現をされて、嫌な気分がする人は少ないはず。

場面別　つかっていきたいクッション言葉

CASE 1　相手に依頼する時のクッション言葉

お手数ですが・恐れ入りますが・差し支えなければ・申し訳ございませんが・ご面倒をおかけしますが・よろしければ・ご都合のよい時で結構ですので　など

〈つかい方〉折り返し電話するために、相手の電話番号を聞く場合

・お電話番号をお願いいたします。

◎・差し支えなければ、お電話番号をお願いいたします。

CASE 2　相手に謝罪の気持ちを伝える時のクッション言葉

申し訳ございませんが・恐れ入りますが　など

〈つかい方〉お客様（アポなし）がいらっしゃったが、担当者が不在の場合

・鈴木は外出しております。

◎・申し訳ございませんが、あいにく鈴木は外出しております。

CASE 3　相手からの依頼を断る時のクッション言葉

残念ながら・お気持ちはありがたいのですが・申し訳ございませんが・あいにくですが・せっかくですが・恐縮ですが・申し上げにくいのですが　など

〈つかい方〉上司に飲みに行こうと誘われたがどうしても行けない場合

・先約があり行けません。

◎・せっかくですが、先約があり行けません。

CASE 4　相手に何度も失礼なことをしてしまった時のクッション言葉

重ねがさね申し訳ありませんが・たびたびお手数おかけしますが　など

〈つかい方〉一度約束を守れなかった相手に、
また失礼なことをしてしまった場合

・誠に申し訳ございません。

◎・重ねがさね申し訳ございません。

※前回、失礼なことをしてしまったことを再び謝罪して丁寧な印象。

4 依頼・否定のしかた

お願いをする時は「命令」ではなく「依頼」をしましょう！

Check Point !

- □ お願いをする時は依頼形（疑問形）をつかう
- □ 相手の言葉を頭ごなしに否定しないよう心がける
- □ 「〜しないで」などの否定的な言葉をつかわない

柔らかい言葉でお願いをしましょう

ビジネスシーンでは、何度となくお願いをする場面があります。同じことをお願いされても、命令されるのではなく、依頼されたほうが「よし、頑張ろう！」と思えるのではないでしょうか。この、依頼形（疑問形）の表現を先述のクッション言葉と併せてつかい、依頼上手になりましょう。

依頼をする時の言葉づかい

Q あなたは、次のどちらの表現でお願いをされたら、気分よく引き受けようと思いますか？

1．コピーを10枚とってきてください。
2．忙しいときに申し訳ありませんが、コピーを10枚とってきてもらえますか。

A 「〜をしていただけませんか」「〜をお願いしてもよろしいですか」など、疑問形の形で依頼をすると、相手は快く受け止められるもの。

否定のしかた

人の言動に対して、なるべく否定はしたくないものですが、どうしても否定をしなければならない場合もあります。否定をするにしても、言い方によって相手の受け止め方は違うもの。上手な否定のしかた・断り方を見ていきましょう。

否定をするときの言葉づかい

POINT 1　否定をしなければならない場合、言葉を肯定形に言い換える。

POINT 2　クッション言葉をつかって和らげる。

〈例①〉それは違うと思います。
→そのような考え方もあると思います。その上で、私としては～(相手の意見をいったん受け入れる)

〈例②〉お煙草は吸わないでください。**→お煙草はお控えいただけませんか。**

〈例③〉写真は撮らないでください。**→写真撮影はご遠慮いただけますか。**

〈例④〉(何かを頼まれた時) できません。
→申し訳ございませんが、いたしかねます。

〈例⑤〉(仕事を明日までに終えるようにと言われて) 無理です。
→申し訳ございませんが、もう少しお時間をいただけると助かります。

〈例⑥〉パソコンは嫌いです。**→パソコンは苦手です。**

〈例⑦〉これではだめです。考え直してください。
→その点につきましては、もう一度お考えいただけないでしょうか。

〈例⑧〉山田はいません。
→申し訳ございませんが、ただいま山田は席を外しております。

CA-STYLE流 +1

あれもだめ、これもだめ

旅客機では、安全運行を守るために『シートベルトを締める』『携帯電話の電源を切る』など、たくさんの制約があります。だからといって、「あれもだめ。これもだめ。やめてください」と、否定的な言葉を羅列していたらどのように感じるでしょうか。きっと、お客様は自由を阻害されたような嫌な気持ちになるのではないでしょうか。

安全上問題になることは、絶対にやめていただかないといけませんが、言い方ひとつで快く協力していただけるのか、嫌々従わせるのかが違ってきます。よい人間関係を築くには快く協力していただける表現を身につけたいものですね。

覚えておきたい気の利いたフレーズ 5

ワンランク上の言い回しをしましょう！

Check Point !

- 断りづらい場面で、相手を立てたスムーズな表現ができる
- ミスをした時は、言い訳をせずに謝罪し、その上できちんとした理由を述べる
- お礼とお詫びは、その場だけでなく時間を空けて再度言葉にする

ワンランク上の言葉づかい

正しい言葉づかいで話をすることは、ビジネスマンとしては当然のこと。ここでは、さらにワンランク上の気の利いた気づかいある表現を覚えて、できるビジネスパーソンになりましょう。

■お礼とお詫びは３回以上

STEP 1 その場でお礼・お詫び

まず、助力をいただいたり、迷惑をお掛けした時は、即座にお礼やお詫びを言葉にする。お詫びの前に余計な言い訳はしないこと。

STEP 2 別れ際に再度、お礼・お詫び

その場でのお礼やお詫びは当然のこと。別れ際など、少し時間を置いてから「先ほどは……」とお礼やお詫びの言葉を再度述べることで、その場限りで言っているのではないことが相手に伝わる。

STEP 3 再会した時に、さらにお礼・お詫び

さらに、再会した時やメール・電話などで連絡をとる際に「先日は…」とお礼やお詫びの言葉を口にすると、本当に心からそのことをありがたく（申し訳なく）思っているということが相手に伝わり、距離がぐっと縮まる。

気の利いたフレーズ6＋α

1 こちらに非があり、謝るとき

「すみません。間違えました」
◎「私どもの不行き届きで、ご迷惑をおかけし申し訳ございません」

2 仕事でミスをしたとき

「すみません。でも……」
◎「申し訳ございません。私の勉強不足（不注意）です」

3 自分の判断で答えられないとき

「上司でないとわかりません」
◎「申し訳ございませんが、私の判断ではお答えしかねます」

4 残業を断りたいとき

「今日はちょっと無理です」
◎「たいへん申し訳ございませんが、今日はどうしても外せない所用がございますので失礼してよろしいでしょうか」

5 宴席で先に帰りたいとき

「すみません、お先に失礼します」
◎「申し訳ございませんが、所用をし残して参りましたので、失礼してよろしいでしょうか」

6 来客との打ち合わせが終わった時にかける言葉

「本日は来ていただきありがとうございました」
◎「本日はお忙しい中、お越しいただきありがとうございました」

その他の主な表現

- いつもありがとう。　→ ◎いつもお世話になっております。
- ちょっと待ってください。　→ ◎少々お待ちいただけますか。
- わかりました。　→ ◎かしこまりました。
- どうですか。　→ ◎いかがでしょうか。
- そうですね。　→ ◎ごもっともです。

正しい敬語と言葉づかいチェック

敬語や言葉づかいは、そのしくみやルールを頭で覚えているだけでは、実際の会話でスムーズにつかえません。普段からきちんとつかって習慣化しておきましょう。

この章の総まとめとして、正しい敬語や言葉づかいがすぐに出てくるか、チェックしてみましょう。

CHECK1 次の言葉を、よりマナーに適った敬語や言葉づかいに直してみましょう！

---

1. 社内の上司との会話で

「（大会社の社長の）**私の叔父さんが上京されまして～**」

→ **「私の叔父が上京いたしまして～」**

＊社会的地位があったとしても、自分の身内（家族・親族）なので、「叔父」に「さん」づけすること、「される」という尊敬語をつかうことはＮＧ。

---

2. 目上の人と廊下ですれ違って

「**ご苦労さまです**」

→ **（時間により）「おはようございます／お疲れさまです」**

＊「ご苦労さま」は、目下に対して言う言葉。

---

3. 目上の人からメールをもらって

「**送ってくれたメールを見ました**」

→ **「送ってくださったメールを拝見（拝読）いたしました」**

＊相手の「（送って）くれる」という行為には尊敬語「くださる」をつかう。
＊自分の行為には、謙譲語Ⅰの「拝見（拝読）する」、丁重語「いたす」をつかう。

---

4. 目上の人に

「**山田部長は、コーヒーとお茶のどちらにいたしますか？**」

→ **「山田部長は、コーヒーとお茶のどちらになさいますか？」**

＊「いたす」は「～する」の丁重語。自分側の行為に対して用いる。
＊相手の行為に対する表現は尊敬語の「なさる」をつかう。

---

5. 目上の人から飲み物を何にするか聞かれて

「私はコーヒーでいいです」

「私はコーヒーをいただきます」

＊自分の行為を表すので、「飲む・食べる」の謙譲語Ｉ「いただく」をつかう。
＊「コーヒー『で』」と言うと、不満だがしかたなく選んだ印象を与えるので注意。

6. 忙しそうな上司に対して

「報告書を見てください」

「恐れ入りますが、報告書をご覧いただけますか？」

＊相手の行為に対しては、尊敬語の「ご覧になる」をつかう。
＊クッション言葉や疑問形（依頼形）をつかうと、なおよい。

7. 社内の打ち合わせで

「山田部長が申された意見に賛成です」

「山田部長がおっしゃったご意見に賛成です」

＊「申す」は「言う」の丁重語。尊敬語「される」をつけることはできない。

8. 社内での伝言

「田中課長が11時からの会議に、部長に出席していただきたいと申しておりました」

「田中課長が11時からの会議に、部長に出席していただきたいとおっしゃっていました」

＊社内の身内での会話では、「話す相手にとっては目下でも、自分にとっては目上」の人の行為を表す時には尊敬語をつかうのが一般的。

9. 上司から会議の進行役を頼まれて

「やらさせていただきます」

「承知いたしました」

＊「やる」は、「する」の俗語で丁寧な言葉ではない。
＊また「やらさせていただきます」の「さ」は、時々つかう人がいるが正しくない。

10. 上司へ

「これが頼まれたコピーのほうになります」

「こちらがご依頼のコピーでございます」

＊「〜のほう」「〜になります」は誤ったマニュアル言葉。
＊「これ」→「こちら」がより丁寧な表現。

11. 来訪されたお客様へ

「お名前を頂戴できますか？」

「失礼ですが、お名前をおうかがいしてもよろしいでしょうか？」

＊名前を「頂戴する（もらう）」わけではない。「いただく」とともに誤ったマニュアル言葉。
＊「聞く」の謙譲語Ｉ「うかがう」が正解。
＊「おうかがいする」は「お〜する」と「うかがう」の二重敬語だが、習慣として定着している例外。

12. 来訪者の名前を聞いて

「□□様でございますね」

「□□様でいらっしゃいますね」

＊「ございます」は「です」「ます」よりは改まった丁寧語だが、尊敬語の「いらっしゃる」をつかうほうが適切。

13.「お客様が参られました」

「お客様がいらっしゃいました」

＊「参る」は「来る」の丁重語。「られる」は尊敬語だが、謙譲語につなげてはつかわない。この場合は尊敬語「いらっしゃる」または「お見えになる」が適切。

14. 急な来客に対する不在対応の場合

「山田はいません」

「申し訳ございませんが、あいにく山田は席を外しております」

＊不在または所用で、名指し人がお客様に会えない場合、「席を外している」という言葉がよい。

＊「申し訳ございませんが」や「あいにく」といったクッション言葉を添えるとなおよい。

15.

「先日お話しさせていただきました件につきまして、ご相談をさせていただきたいと思いまして、ご連絡をさせていただきました」

「先日お話しいたしました件につきまして、ご相談をさせていただきたく、ご連絡いたしました」

＊「させていただきます」は、自分側が行うことを、相手側の許可を得て行い、そのことで自分側が恩恵を受けるという事実や気持ちのある場合につかう。

＊「させていただきます」という表現を多用すると耳障りになることがあるので気をつける。

16. 社外の方に対して

「（自社の）佐々木社長がお見えになりました」

「（社長の）佐々木が参りました」

＊社外の方に対しては、社内の人はたとえ社長であっても「自分側」の身内にあたるので、丁重語「参る」をつかう。

17. 社外の人に

「（自社の）山田部長がよろしくとおっしゃっていました」

「（部長の）山田がよろしくと申しておりました」

＊社外の人に自社の上司の伝言を伝える際は、丁重語「申す」をつかう。

＊「部長」は敬称なので、「部長の山田」もしくはただ「山田」と言う。

18. 社外の方に自社の上司への伝言を頼まれて

「わかりました。その旨、山田にお伝えします」

「かしこまりました。その旨、確かに山田に申し伝えます」

＊「お〜する」は謙譲語Ⅰで、行為の向かう先の（自社の）山田部長を立てることになるため、不適切。

＊この場合は丁重語の「申す」をつかえば、話している相手への敬意を表せる。

19. 訪問先の受付で

「山田部長様と、11時にお約束をしているんですが……」

「山田部長と、11時にお約束をしております鈴木と申します」

＊役職（社長、部長、課長など）はそれだけで敬称になるので、様はつけない。

＊「おる」は「いる」の丁重語。

20. 上司へ他社訪問の報告をする際

「得意先の山田部長に工場内をご案内していただきました」

「得意先の山田部長に工場内をご案内いただきました」

＊「ご（お）～する」は謙譲語Ⅰのため、案内してもらった自分を立てることになり不適切。
※「する」をつけない「ご（お）～いただく」であれば、尊敬語であり正しい表現となる。

21. お客様に

「当店は各種キャッシュカードをご利用できます」

「当店は各種キャッシュカードをご利用いただけます」

＊お客様に対して、謙譲語Ⅰ「ご（お）～する」の可能形である「ご（お）～できる」をつかうのは不適切。
＊尊敬語「ご（お）～になる」の可能形「ご（お）～になれる」をつかう。
＊または、自分側の行為として謙譲語Ⅰ「ご（お）～いただける」をつかうこともできる。

22. お客様から質問されて

「詳しい者に代わりますので、その者にお聞きしてください」

「詳しい者に代わりますので、その者にお聞き（お尋ね）ください」

＊「お（ご）～する」は謙譲語Ⅰ。お客様の「聞く」行為に対してはつかわない。

CHECK2 次の言葉を、『クッション言葉』、『依頼形』、『否定の肯定表現』などを用いて、柔らかい表現にしてみましょう。

23.「10時に来てください」

「恐れ入りますが、10時にお越しいただけませんか？」

24.「名前を書いてください」

「お手数をおかけいたしますが、お名前を書いてくださいますか？」

25.「ちょっと待っててください」

「ご迷惑をおかけしますが、少々お待ちいただけますか？」

26.「これ、10部コピーしてください」

「お忙しい時に恐縮ですが、こちらを10部コピーしていただけませんか？」

27.「何歳ですか」

「差し支えなければ、年齢をおうかがいしてもよろしいでしょうか？」

28.「連絡をもらいたいんですが」

「恐れ入りますが、ご連絡をいただけますか？」

---

29. お得意様から食事に行こうと誘われたが、断る場合

「行けません」

「せっかくですが、先約がございますのでご一緒できかねます。次の機会にお誘いいただければ嬉しいです」

---

30. 明日までに報告書を提出するように言われ

「できません」

「たいへん申し訳ございませんが、もう少しお時間をいただけませんでしょうか？」

＊さらに、「○○のため」とできない理由をつけ加えるとよい。

---

31. 書類を探すように頼まれたが、見つからなかった

「ありませんでした」

「お役に立てず申し訳ありませんが、ございませんでした」

---

32. 上司がほかの人と話をしているときに来客を伝える

「部長、お客様です」

「お話し中に失礼いたします。お約束のお客様がお見えになりましたが、いかがなさいますか？」

---

33. 上司に

「ご相談があります」

「お忙しいところ申し訳ございません。ご相談したいことがあるのですが、○分程お時間をいただけないでしょうか？」

34.「煙草は吸わないでください」

「恐れ入りますが、お煙草はお控えいただけますか？」

CHECK3 ワンランクアップの言葉がけ【代替案を示す】

35. お客様が購入を希望している
A商品が、品切れの場合の言葉がけ

「(ご来店ありがとうございます)
たいへん申し訳ございませんが、
ただいまA商品は品切れでございます。代わりにB商品はいかがでしょうか？
(B商品について端的に説明)」

＊商品購入ご希望の際、ただ「ない」と言うのではなく、商品がないことを謝罪するとともに類似商品をお薦めするなど代替の案を出す。

または、
「(お問い合わせいただきありがとうございます）たいへん申し訳ございませんが、ただいま当社ではA商品を切らしております。もしお急ぎでなければ、お取り寄せいたしますがいかがでしょうか？」

＊商品がないということを伝えるだけでなく、どうしたらその商品が手に入るのか（この場合はお待ちいただければ手に入るという）、その方法を提案する。

---

36. お客様とのアポイントメントをとる場合に、お客様は明日の11時に面会を希望しているが、先約がある時の言葉がけ

「たいへん申し訳ございませんが、
明日の11時は先約がございます。
○時・□時・△時でしたら時間がございますが、ご都合はいかがでしょうか？」

＊ご希望に添えないことに対して謝罪するとともに、代わりの日程（可能な限り複数）を提案する。または、ほかに都合がよい日程を提案していただく。

---

37. お客様が会社を訪問された際に、忘れ物をしたという問い合わせを受けた時の対応

「さようでございますか（と同調して詳細をうかがいすぐに探す)」

＊見つからない場合、「見つからなかった」という事実をいったん伝えるだけでなく、「再度探し、見つかった場合には連絡をする」など、もう一度探す姿勢を見せることが大切。
＊回答は一例であり、答えは何とおりもある。ただし、「無理」「ない」「だめ」で終わるのではなく、少しでも相手の希望に添えるように努力することが大切！

38. 残業を断る場合の言葉がけ

→「たいへん申し訳ございませんが、本日はどうしても外せない先約がございまして、残業をすることができません。明日でしたら、都合がつくのですがいかがでしょうか？」

＊当然断らないことが一番好ましい。上は、どうしても都合がつかない場合の対応。
＊大切なことは、期待に添えないことを謝罪し、残業が嫌なわけではなく、どうしても今日は都合がつかないという事実を理解してもらうこと。
＊代替案を出すことで仕事に対する前向きな姿勢を見せること。

39. 手違いで、納品日に商品が揃わなかった場合の謝罪

→「私の不行き届きでご迷惑をおかけし、申し訳ございませんでした。◯日の納品は間に合いませんが、◇日までにはなんとか手配いたします。以後はこのようなことがないよう気をつけます」

＊（クレームの有無に関わらず）自分の行いに対し謝罪をし、以後気をつける旨を誠意を持って伝える。
＊可能な限りの誠意を込めた代替案を出す。

CA-STYLE流 +1

先輩がつかっているあの言葉。真似をしていいの？

先輩社員が、敬語をつかわずに取引先の方と話している場面を目撃することもあると思います。敬語には「相手との間に心理的な距離を置く機能」もあるため、相手に対して心理的な近さを示すためにあえて敬語をつかわないで話す人も、中にはいます。しかしながら、慣れていない人は気軽に真似をせず、正しい敬語をつかいましょう。

敬意や気づかいは態度や行動など、言葉づかいとは別の側面においても表すべきものなので、言葉づかいだけよければいい——それを慇懃無礼と言います——ものではありません。

5

ビジネス文書の
基礎知識とマナー

1

さまざまなビジネス文書

重要度の高い ツールであることを意識！

Check Point !

- □ 多種多様にあるビジネス文書の中から、どの文書をつくるべきか理解できる
- □ 社内向けと社外向け、それぞれのビジネス文書で「当社」「弊社」のつかい分けなど単語や言い回しを変えられる
- □ 言いたいこと、伝えたいことがいろいろあっても文書上に書く用件はひとつに絞れる

動かぬ証拠になる。それがビジネス文書

ビジネス文書は、まず大きく「社内文書」と「社外文書」に分かれます。その名のとおり、社内向けに書くビジネス文書と、社外向けに書くビジネス文書があるということです。そして、「社内文書」「社外文書」それぞれにおいても、用途によってさまざまなビジネス文書が存在します。また、ビジネス文書は、その使用目的や特性によって紙ベースの文書とすべきものと、Eメールなどの電子文書が好まれるケースとがあり、その2通りの上手なつかい分けも必要です。

ビジネス文書をつかいこなすには、まずその種類を把握することから始めるとよいでしょう。いくら書き方を知っていても、きちんとつかいこなせないことには意味を成しません。

また、ビジネス文書の「重要性」も十分に理解しておく必要があります。文書は、捨てたり失くしたりしない限り、永遠に残るものです。ここが、話し言葉とは異なるところです。

ビジネス文書を送られた相手にとっては、確固たる証拠や証明になります。社内向けにしろ社外向けにしろ、公式な効力を有する重要ツールであることを意識して書くように心がけましょう。

最初に覚えるべきビジネス文書

STEP 1　最低この6つだけは押さえておく。

[社内 向けビジネス文章の代表 ベスト3]

1 業務日報
その日に行った業務で主だったものをまとめ、上司に提出。

2 報告書
出張や研修、その他、上司から指示がテーマに沿ったレポートを提出。

3 申請書
休暇申請、保養所の利用、残業申請など。事前に申請が必要な際に提出。

[社外 向けビジネス文章の代表 ベスト3]

1 送付状
外部にパンフレットやＦＡＸ、請求書などを送る際に併せて送る。

2 御礼状
商品の購入、お問い合わせ、贈答品をいただいた際など、３日以内に送る。

3 案内状
説明会や研修、新製品のキャンペーンなど、イベントの告知として送る。

STEP 2　目的・用途によってビジネス文書をつかいこなそう

[その他の 社内 向けビジネス文書]

指示書　始末書　企画書　提案書
稟議書　届出書　上申書　議事録
送別会案内　会議開催通知　通達

[その他の 社外 向けビジネス文書]

あいさつ状　依頼書　通知状　紹介状
照会状　請求状　講義状　回答状
祝い状　詫び状　見舞状　督促状

CA-STYLE流 +1

場合に応じた“文書＋α”がカギを握る!

ビジネス文章の基本はマニュアルやひな型に準じて形式的に作成すれば、それなりのものは完成します。しかし、それだけでは、本当に味気ない文章になってしまいます。

CA のサービスもマニュアルどおりだけでしたら、少し冷たい印象を感じてしまいます。これは、ビジネス文書にも言えること。基本はマニュアルやひな型に沿って作成しますが、その中に自分の意思や真心などを込めることで、本当に相手に伝わるビジネス文書になるのです。

場合によっては、文書を送るだけでなく、電話をかけたり直接訪問するといった“＋α”を用いることで、そのビジネス文書の「効き目」はより大きなものになるでしょう。

2

社内文書の書き方

書き方ひとつで
評価も大きく変わる！

Check Point！

- □ 社内文書を提出する相手（上司や先輩社員）からの指示・意図をしっかりと理解する
- □ 伝えたい内容を確実に相手に伝えられる文章力を、身につける
- □ 誤字脱字・ら抜き言葉など、相手に失礼にあたる点を自分の書いた文章中から見つけられる

評価を高める社内文書の書き方

社内文書は、その名のとおり自分の勤める会社の社内向けに作成するビジネス文書です。取引先や顧客相手に送る社外文書のように、改まった表現をする必要はありません。あくまでも実務本位で、簡素な表現を用いて書くことが求められます。

この一見単純そうな社内文書ですが、書き方ひとつで社内での評価が大きく左右されることを心得ておいてください。まず、文書を書き始める前に、以下のような点を押さえましょう。

これらの準備が完了したら、いよいよ文書の作成に入っていきます。事項の実例をもとに、評価される社内文書の書き方を見ていきましょう。

■基本的な受付方法

STEP 1 なんのために作成する社内文書なのかを理解する

STEP 2 作成を指示してきた上司や先輩社員の意図を理解する

STEP 3 この文章で書くべきこと＝結論を先に決めておく

ただの社内文書を、評価される材料に変える！

平成○○年○月○日

△△部長（殿）
営業部二課　山田 太郎

誤字や脱字に十分気をつける。特に、上司の名前を間違えるのはNG。

役職名の後に「殿」をつけるのが正式な使用法だが、一般的ではないので省略してもよい。

営業セミナー出席に関する報告書

表題の件につき、下記の通り、ご報告いたします。

記

開催日時　平成○○年○月○日
開催場所　中央区銀座一丁目○○ビル

日付や場所の書き間違えにも十分に注意こういうところでも、注意力や慎重さなどを見られる。

セミナー内容

1.
2.
3.

時系列で並べるだけでなく、要点をまとめ３項目程度で記す。

所感

自分の意見や感想を客観的事実とは区別して書くことで、本当の意味での「あなたの報告書」になる。ただし、長すぎは禁物。２～３行程度で。

CA-STYLE流 +1

インターネットのフォーマットはあくまで参考程度に

ビジネス文書のひな型や文例などは、インターネットでいくらでも見つけられます。ですが、そのとおりに書き写すだけでは、相手にあなたの存在を感じさせられません。

ネット上の見本などはあくまでも参考程度にとどめ、あなた自身の文章でビジネス文書を作るよう心がけましょう。

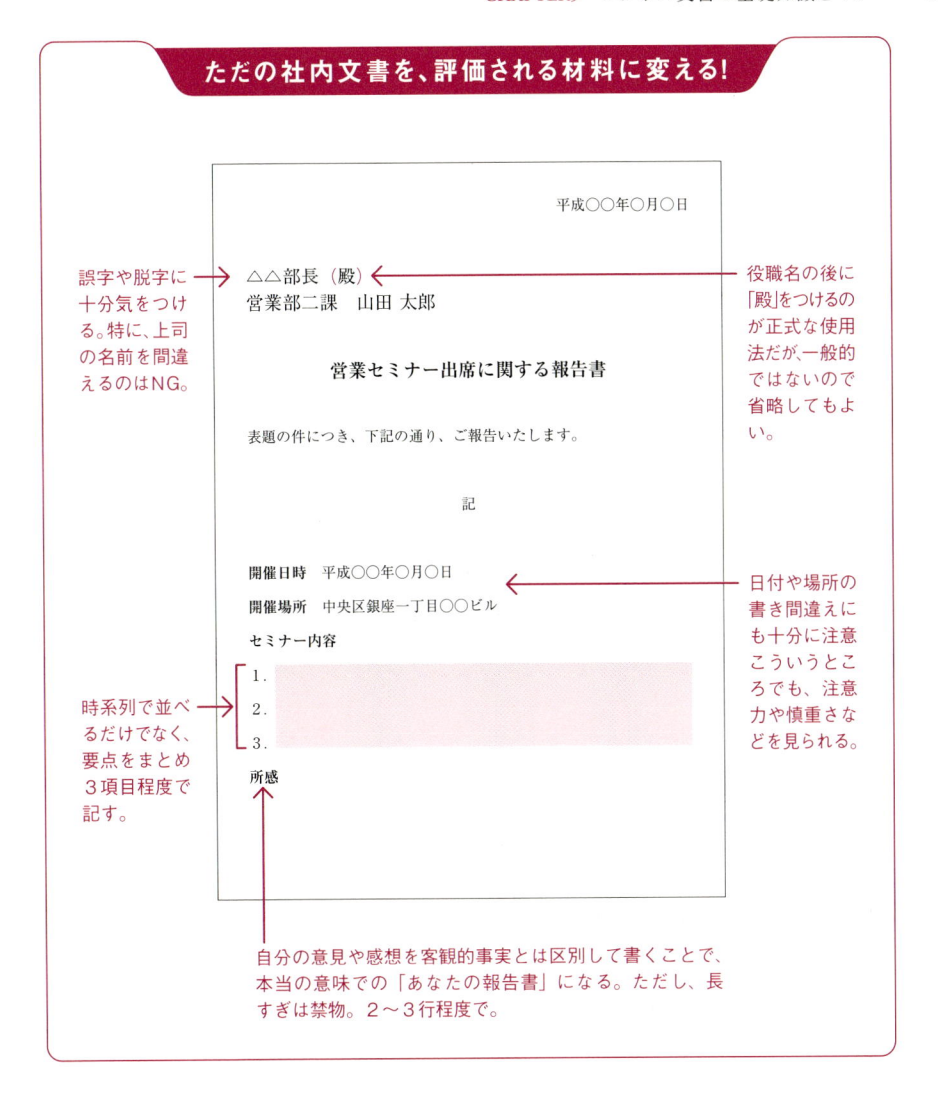

3

Eメールのビジネスマナー①
社外編

書き方しだいで自社イメージをも左右！

Check Point !

- Eメールでのやりとりでよいかどうか、社外の相手から了解を得る
- 1行の長さは35文字程度で一文にまとめ、全体に簡潔でわかりやすい文章を作る
- 「CC:」をつかう場合、文中の宛名にCCで送る相手の名前も明記する

Eメールはパソコンを利用した手紙と心得る

そもそも「メール（mail）」とは、郵便や郵便物を指す言葉です。そういう意味では、Eメールも一種の郵便物・手紙と言えますが、一般的な手紙のような「拝啓」「敬具」といった頭語・結語や長々とした前文、時候のあいさつなどは必要ありません。

ただし、特にビジネスに利用するEメールは、手紙を書く際と同様の気づかいやマナーが欠かせないことを心得ておきましょう。書き方ひとつで、書いた本人はもちろん、所属する会社全体のイメージや信頼をも左右することを肝に銘じておいてください。

誤字脱字や相手の失礼にあたるような表現がないことは、基本中の基本です。その上で、図のような点に留意します。

Eメールは便利なツールではあるものの、プロバイダやサーバーのトラブルによる遅延、未送なども十分にありえます。確実に送れているか心配な場合や至急読んでもらいたい場合などには、電話で送り先に確認することも大切です。また、契約書などの重要文書はEメールで済まさず、きちんと書面で郵送することがマナーと言えます。

社外向けEメールの書き方

■注意するポイント

件名	具体的でわかりやすく書く。「お世話になります」「ありがとうございます」などでは抽象的で、迷惑メールと間違われる可能性も。
本文	1行35文字以内にまとめる。 空白行を作り読みやすくする。 だらだらと長すぎることなく、短く簡潔にまとめる。
署名	署名機能を利用し、差出人の名前・アドレスなどを明記。
その他	CCには相手も面識のある人のみを入れる。 開封通知は失礼にあたるので利用しない。

■社外向けEメールの文例

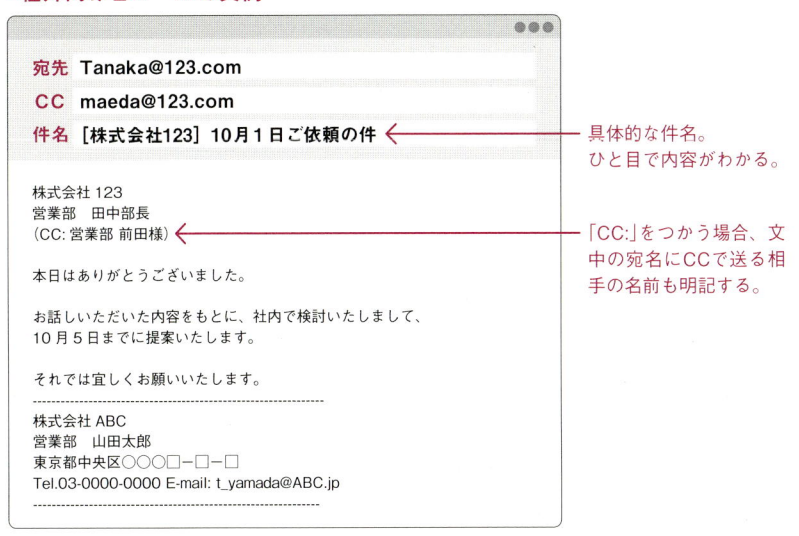

宛先　Tanaka@123.com
CC　maeda@123.com
件名　［株式会社123］10月1日ご依頼の件

← 具体的な件名。ひと目で内容がわかる。

株式会社123
営業部　田中部長
（CC: 営業部 前田様）

← 「CC:」をつかう場合、文中の宛名にCCで送る相手の名前も明記する。

本日はありがとうございました。

お話しいただいた内容をもとに、社内で検討いたしまして、
10月5日までに提案いたします。

それでは宜しくお願いいたします。

株式会社ABC
営業部　山田太郎
東京都中央区○○○□−□−□
Tel.03-0000-0000 E-mail: t_yamada@ABC.jp

CA-STYLE流 +1

添付ファイルの送り方に垣間見える「気配り」の姿勢

　社外の人とのEメールのやり取りにおいても、気配りは重要不可欠です。たとえばファイルを添付する際には、その容量に配慮する必要があります。重いデータのものであるならば圧縮したり、電話をかけて相手の了解を得るなどしてから送りましょう。

Eメールのビジネスマナー②

社内編

ポイントさえ押さえれば、メリット大の社内メール

Check Point !

- 書きたい案件がたくさんあるときは、案件ごとにメールを分ける
- 「田中部長」に送るメールの宛名は、「田中部長」と「田中部長様」どちらが正しいかわかる
- 箇条書きなどをうまく活用して本文を簡潔にまとめる

紙の社内文書よりも便利につかえるEメール

社員同士のコミュニケーション手段や、情報や伝達事項の共有を目的として、社内ではさまざまな文書が行き交います。これら「社内文書」にEメールがつかわれることが、最近は多くなりました。Eメールをつかえばプリントにかかる費用が削減され、ペーパーレスで環境にも優しく、また保存や管理がしやすい、データや画像などが添付できる、24時間いつでも送れるといったメリットがあります。

ただし、Eメールでの社内文書にもマナー・ルールがあることに留意しなくてはなりません。マナーを考えずにメールを送っていると、社内での立場が危うくなることも十分に考えられます。逆に言えば、マナーを守ったよい文書を作成できれば、社内での評価が上がる可能性もあるということです。

■社内メールのつかいどころ

CASE1 支社、主張中の人など遠方の人へ送る

CASE2 全社、部全体など複数の人へ送る

CASE3 保存用、備忘用として送る

■注意するポイント

POINT1 わざわざ、隣の席にいる人に送る必要はあるか。口頭で話したほうが早いのでは？

POINT2 メールを送った相手と社内で会った場合は、声がけをする。

POINT3 業務以外の私用メールを送らない。

社内メール　作成のポイント

POINT 1 社内メールはそれぞれの会社で独特のルールなどがある。社内で決められたルールに従って送る。

POINT 2 件名は具体的で内容がひと目でわかるようにする。

POINT 3 1通のメール内容は、1つの案件に絞る。

■社内向けEメールの文例

宛先　EigyoGroup@ABC.jp
CC
件名　[営業部会議] 10月1日14時、第一会議室にて

営業部各位

おはようございます。

営業部の月例会議を、10月1日（月）14時より、
第一会議室で行います。

出欠のご連絡を山田までお願いします。

営業部　山田

- 具体的な件名。ひと目で内容がわかる。（件名）
- 全体に送る場合は「社員各位」「関係者各位」などを用いる。また役職者に送る場合、宛名に「部長『様』」などの敬称は不要。役職のみでOK。（営業部各位）
- 伝えたい内容が簡潔にまとめてある。（本文）
- 1行35文字以内。空白行なども入れて読みやすくする。

CA-STYLE流 +1

「本文」不要のメール作成を心がける

　さまざまなお客様に、機内のご案内を行うCA。お客様と接する際に重要なのが、言葉と内容の整理です。いかにわかりやすく簡潔に、内容をお伝えできるか。瞬時に言葉を選び、磨き上げた内容でお話ししなくてはお客様にきちんと伝わりません。

　社内向けのEメールにも、同様のことが言えます。件名だけでメールの用件がわかるのはもちろんのこと、そこにメールの本文がすべて要約されていれば、わざわざメールを開かなくても瞬時に内容を把握することができます。

　このようなメールは、多忙な上司や経営陣に特に高く評価されます。できる限り、件名に本文の内容を要約できるよう心がけるとよいでしょう。

Eメールのビジネスマナー③

トラブル対処法

トラブルが発生したら、速やかに真摯な対処を

Check Point !

- 重要度・緊急度の高いメールは、送った前後に電話などで相手確認するよう心がける
- 返信が必要なメールは後回しにせず、速やかに行う
- Eメール関連のトラブルが起きた場合、メールですまさず電話や対面で謝罪する

メール利用者増に伴い、トラブルも増加傾向

ある調査によると、ビジネスに利用するメールで、実に7割以上の人が不快な思いをした経験があると回答しています。一番望ましいのは、当然ながらトラブルを回避することです。とはいえ、ビジネスEメールにトラブルはつきものとも言えるので、トラブル発生後の対処が重要となります。

対処法といっても、何も特別なことや難しいことが必要なわけではありません。すべての対処法において基本となるのは、トラブルを謝罪する真摯な気持ちです。起こってしまったことに落ち込むよりも、まずは速やかに対処にあたることです。

CA-STYLE流 +1

ビジネスEメールの文章は簡潔でありつつ丁寧に

満席のフライトの場合、CAは1人で50人ほどを担当しますが、限られた飛行時間内でお客様に満足していただくために、「簡潔かつ丁寧なサービスを心がけています。この「簡潔」と「丁寧」のバランスは、ビジネスEメールにおいても重要なポイントです。

メール送信時のトラブルと対処法　再送信が必要なケース

CASE 1　返信が遅れた

・速やかにメールを返信した上で、電話でも謝罪する。

CASE 2　送信したはずのメールが相手側に届いていない

・受信者側の「迷惑メールフォルダ」に届いていないかを確認。
・そこにもない場合は、まれに通信障害などで届かないケースもあるため、謝罪し、再送信する。

CASE 3　未完成のメールを送ってしまった

・件名に「再送」と入れ、お詫びの言葉を添えて正しいメールを送信する。

CASE 4　ほかの人に間違って、メールを送ってしまった

・誤送信してしまった相手に速やかに電話し謝罪すると同時に、削除のお願いをする。
・正しい相手にメールを再送信する。

メール送信時のトラブルと対処法　その他のケース

CASE 1　内容がよくわからないと言われた

・件名だけでも内容がわかるか、本文は1行35文字程度に抑え、空白行なども設けて読みやすくしてあるかなどを確認し、改善する。
・その上で、電話や対面により、口頭で整理し直した内容を説明する。

CASE 2　メールに添付したファイルの容量が大きすぎる

・目安としてデータの容量が2MB（=2000KB）を超える場合は、送信先に受信可能かを事前に確認しておくべき。
・添付ファイルの容量が大きくメールでの送信が難しい場合は、Web上にアップロードし、メールにはファイルをダウンロードできるサイトのURLを記載する。

CASE 3　携帯のメールアドレスと気づかずに長文を送ってしまった

・送信先が携帯のメールアドレスの場合、添付ファイルが読めないケースがあり、また、長文やデータが大きいと、受信者側に余分なコストが発生するケースもあるので注意が必要。
・苦情が来た場合は、丁寧に謝罪するのと併せて、今後、携帯メールに長文を送ってよいか確認しよう。

CASE 4　記名漏れを指摘された

・メールおよび、電話か対面で謝罪する。
・その上で、メールの「署名機能」を利用して記入漏れがないよう設定する。

6 コピー・FAXのビジネスマナー

コピーもFAXも
処世術のひとつ！

Check Point !
- ☐ コピー機をつかい終わったら、リセットボタンを押して標準設定に戻す
- ☐ FAXを送る際には、必ず送信状をつけるようにしている
- ☐ コピー機もFAXも会社の備品であることを忘れず、大切につかう

✈「誰でもできる」と高をくくるのは失敗のもと

　コピーもFAXも、決して難しい作業ではありません。むしろ簡単な小さな仕事です。ですが、こういう仕事こそ、マナーやルールを大切にする必要があります。

コピー機を利用する時は

ガラス面が汚れていたら、OAクリーナーで拭く。

ファイリングしやすいように用紙サイズをA4やA3（2つ折りにしてファイリング）に統一するなどの工夫をする（拡大・縮小機能をつかう）。

コピー濃度調整のコツ
・文字がメインの場合は濃度を高めに。
・写真がメインの場合は薄めに。

つかい終わったらリセットボタンを忘れずに押す。

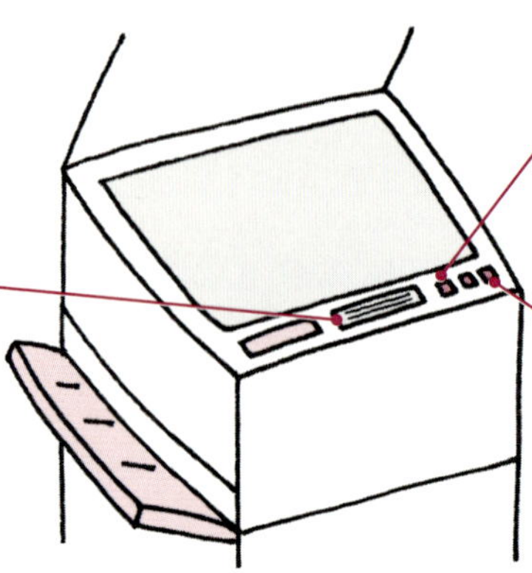

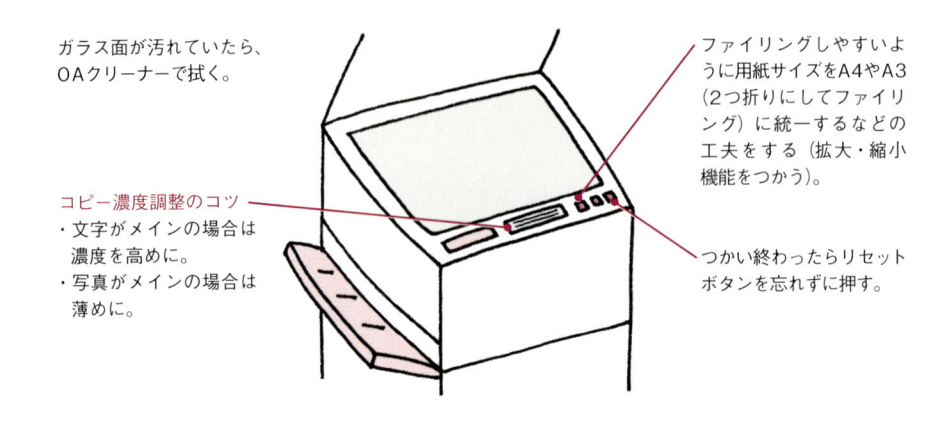

ビジネス文書をとめる時は

POINT 1

文章が左から右へ書かれている横書きの文書（和文・英文とも）は、左上部分をホッチキスやクリップでとめるのが基本。

POINT 2

文書が縦書きの場合は、右側上をとめる。

POINT 3

ホッチキスで２か所をとめる場合は、バランスよく用紙に対して垂直にとめると、美しく機能的。

POINT 4

縦長と横長の文書が混在している場合は、横幅を縦長文書に合わせる。
横長の文書は、左の図のように３つ折りして、左側をホッチキスなどでとめる。

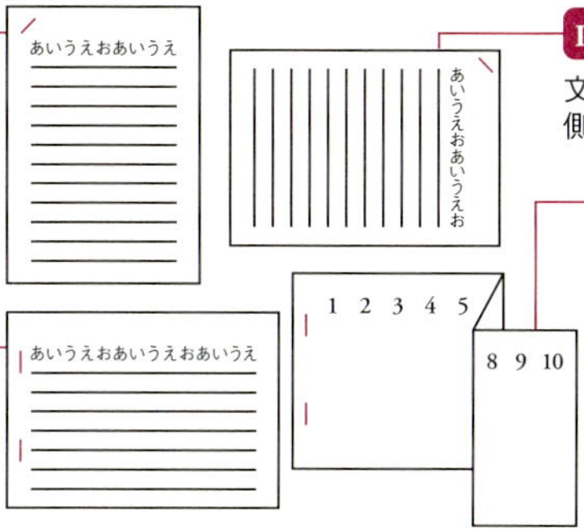

FAX文書のマナー

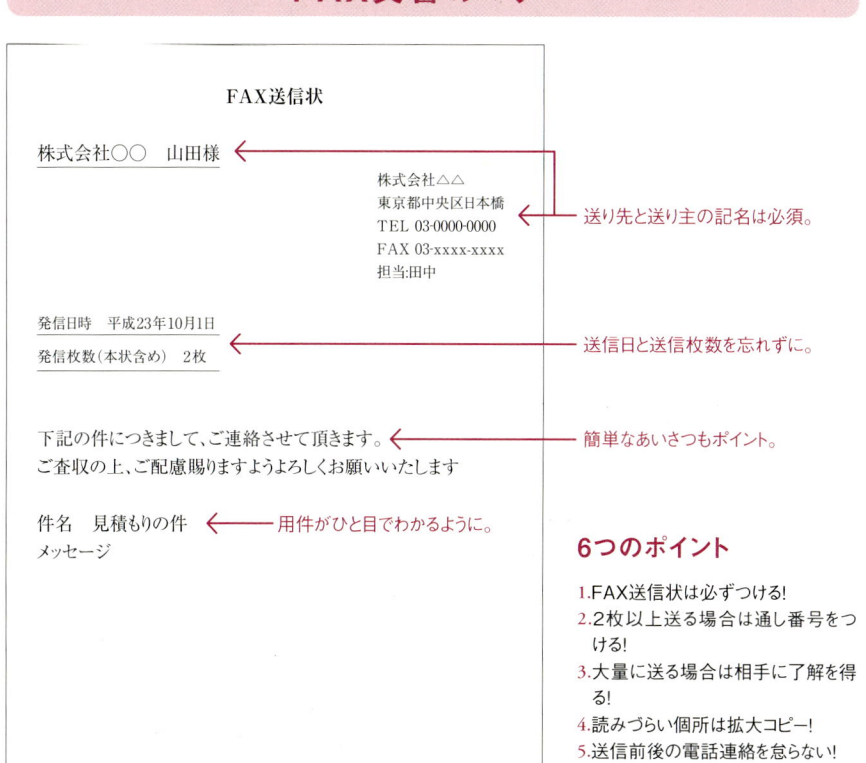

FAX送信状

株式会社○○　山田様 ← 送り先と送り主の記名は必須。

株式会社△△
東京都中央区日本橋
TEL 03-0000-0000
FAX 03-xxxx-xxxx
担当:田中

発信日時　平成23年10月1日
発信枚数（本状含め）　2枚 ← 送信日と送信枚数を忘れずに。

下記の件につきまして、ご連絡させて頂きます。← 簡単なあいさつもポイント。
ご査収の上、ご配慮賜りますようよろしくお願いいたします

件名　見積もりの件 ← 用件がひと目でわかるように。
メッセージ

6つのポイント

1. FAX送信状は必ずつける!
2. 2枚以上送る場合は通し番号をつける!
3. 大量に送る場合は相手に了解を得る!
4. 読みづらい個所は拡大コピー!
5. 送信前後の電話連絡を怠らない!
6. 重要書類はFAXで送らない!

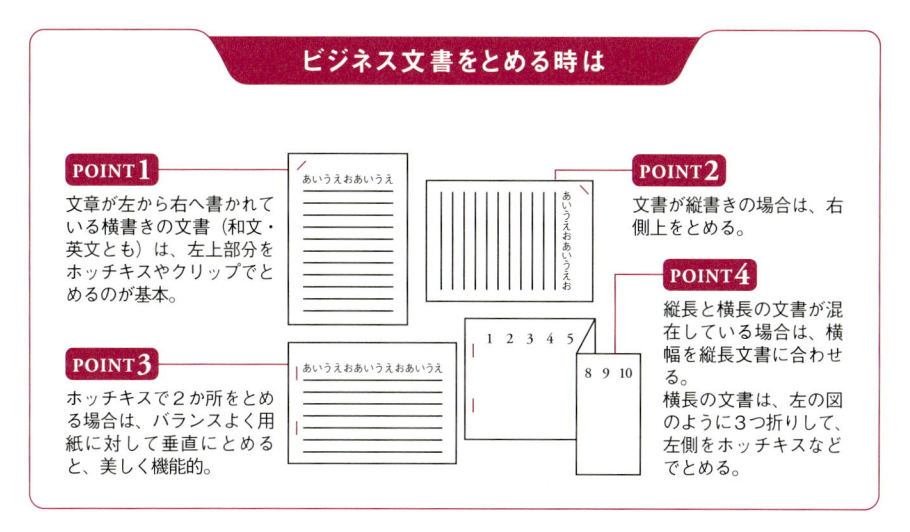

7

封筒・はがきのビジネスマナー

封筒やはがきは、会社の顔と心得る！

Check Point !

- 相手の社名は、「(株)」などと省略せず、部署名まできちんと書く
- 宛名に「御中」をつけるのは、担当者名を書かず、会社名・部署名のみの場合
- 封筒を封じる際には、一般的な文書では「〆」、あらたまった文書は「封」や「緘」を使用。祝い事では、「寿」「賀」をつかう

封筒の種類

洋封筒…和封筒とは異なり横書きが基本。

長形2号…A4サイズを折らずに封入可能

長形3号…A4三つ折りを封入可能

長形4号…二重封筒は主にこの形。
改まった場合や目上の人には二重封筒をつかう。
また、日本では正式な手紙は縦書き。ただし、ビジネス文書はほとんど横書きなので、上手につかい分けよう。

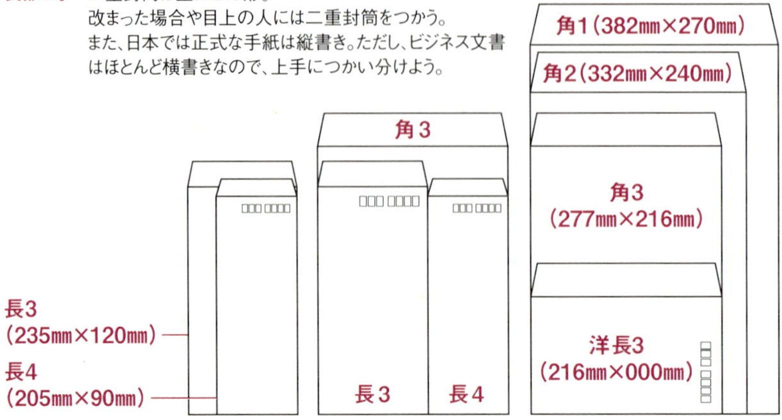

封筒は、書類よりも先に目にするツール

「封筒やはがきにまで、ビジネスマナーがあるの？」と思われる方も少なくないかもしれません。たしかに、封筒はあくまでも書類を郵送したり手渡すためだけに用いるものです。重要なのは封筒ではなく、その中身＝書類の内容でしょう。書類を取り出したら、封筒はすぐにゴミ箱行きという場合も珍しくありません。

しかし、中身の書類より先に、送った相手が目にすることになるのが封筒です。そういう意味では、「会社の顔」といっても過言ではありません。

だからこそ、封筒は重要なビジネスツールであり、マナーも欠かせないのです。

ビジネス用封筒・はがきの正しい書き方

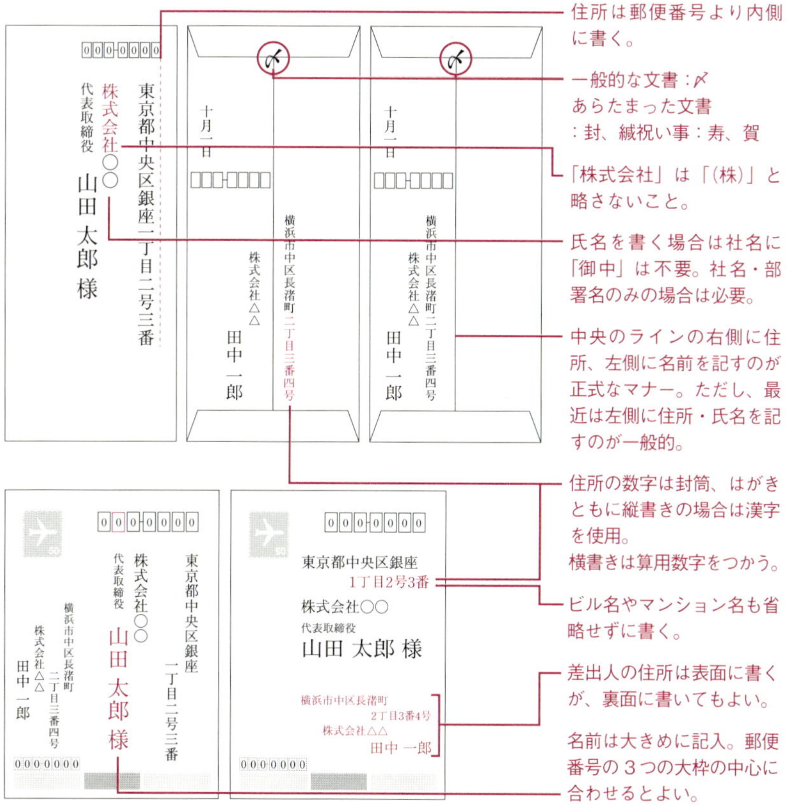
東京都中央区銀座二丁目二号三番
株式会社○○
代表取締役
山田 太郎 様
十月一日
横浜市中区長渚町二丁目三番四号
株式会社△△
田中 一郎
東京都中央区銀座
1丁目2号3番
株式会社○○
代表取締役
山田 太郎 様
横浜市中区長渚町
2丁目3番4号
株式会社△△
田中 一郎
住所は郵便番号より内側に書く。
一般的な文書：〆
あらたまった文書
：封、緘祝い事：寿、賀
「株式会社」は「(株)」と略さないこと。
氏名を書く場合は社名に「御中」は不要。社名・部署名のみの場合は必要。
中央のラインの右側に住所、左側に名前を記すのが正式なマナー。ただし、最近は左側に住所・氏名を記すのが一般的。
住所の数字は封筒、はがきともに縦書きの場合は漢字を使用。
横書きは算用数字をつかう。
ビル名やマンション名も省略せずに書く。
差出人の住所は表面に書くが、裏面に書いてもよい。
名前は大きめに記入。郵便番号の３つの大枠の中心に合わせるとよい。

CA-STYLE流 Wide +1

よくつかう社内文書ベスト3

業務日報

新入社員のあなたにとって、業務日報を記入することは自分自身の業務の振り返りだけでなく、あなたの上司があなたの仕事の習得状況を把握する意味でも大きな意味を持っています。上司は多忙な中、あなたを一人前の社員に育てるために、貴重な時間を割いてくれていることを忘れずに感謝の気持ちを込めて業務日報を記入しましょう。

新人ＣＡとしてデビューしたての私が乗務歴30年を超えるチーフにレポートの署名をもらいに行った際、「息子よ、良いＣＡになるんだぞ」と言ってサインしてもらいました。大先輩の優しさに感謝でいっぱいです。

報告書

報告書に求められることをひと言で言えば、「わかりやすいこと」につきます。ポイントは５Ｗ３Ｈ。５Ｗ：When（いつ）・Where（どこで）・Who（誰が）・Why（なぜ）・What（何を）と、３Ｈ：How to（どのように）・How many（どのくらい）・How much（いくらで）を意識して作成します。この中でも特に When（納期）と How much（予算）はビジネスを進める上で非常に重要ですので、明確かつ誤りのないように心がけましょう。

申請書

申請書は上記の２つに比べて、所定のフォーマットに氏名や期日などを記入すれば作成できるケースが多いため、それほど難しくありません。

ただし、休日や出張の申請は部署内や取引先に業務上の影響が出る可能性があります。ですから、上司や同僚と相談するだけでなく、不在中の業務の引き継ぎにも、しっかりと気を配りましょう。

6 接待・食事のマナー

1

接待の段取り

接待の成否は、段取りがカギを握る!

Check Point !

- □ 接待をすべきか否か、自分だけで判断せず、必ず上司に相談する
- □ 接待の日時はこちらの都合ではなく、あくまでも先方の都合を優先する
- □ 接待の会場に20～30分前には入り、メニューやトイレの位置などを確認しておく

段取りのよい接待が、良好な関係を築く

重要な取引先や新しい顧客を飲食店などに招き、もてなすのが「接待」です。接待は好むと好まざるとに関わらず、状況に応じて必須となる重要な仕事のひとつ。会社を離れ、食事をし、お酒を酌み交わすことで、お互いの性格や趣味嗜好、人間性などを知ることができます。

接待にもさまざまなマナーがありますが、何よりも重要なのが段取りです。段取りの成否が、接待の成否に直結するといっても過言ではないでしょう。

思いがけずに取引先の方と飲食をご一緒する場合のマナー

POINT 1 会計はどうする?

・こちら側が仕事を受注する立場なら、引き受ける。

POINT 2 会計のタイミングは?

・トイレに立つふりをして、会計を済ませておくとスマート。

接待の段取り術

STEP 1

接待の判断を上司に相談

・接待をするべきか否か、誰が接待をすべきなどを相談する。
・接待はあくまでも会社のお金で行うもの。予算なども予め相談しておく。

STEP 2

先方の都合のよい日時を確認

・接待する側の都合を優先するのは失礼にあたる。
・とはいえ接待する側の都合も現実にはあるので、先方には候補日を2～3挙げてもらう。

STEP 3

先方の好みをリサーチ

・まだ親しくない段階ならば、普段からの会話でさりげなくリサーチしておくとよい。
・ある程度なんでも話せる間柄の場合、ずばり好みを聞いても GOOD。

STEP 4

接待を行う店の選定

・予約は、接待当日の１週間前くらいまでに。
・料金や営業時間に加えて、アクセス・人気度なども考慮しておく。

STEP 5

送迎の手配・手みやげの準備

・送迎に利用するタクシーは前もって予約しておく。
・手みやげは TPO に合わせて準備。

POINT3 得意先の偉い人におごってあげると言われたら?

・素直に好意に従おう。ただし、会食後には、上司に報告すると同時に、かならずお礼状を書くようにする。

POINT4 おごってもらった際の振る舞いは?

・レジから少し離れた場所に立ち、そこできちんとお礼をする。
・店内が狭いようなら、お店の外でお礼を。
・大切なのは、支払いが終わった直後のタイミングを逃さないこと。

2

接待の流れ

成功する接待の各「展開」にマナーあり！

Check Point !

- □「上座」と「下座」の位置を理解している
- □接待相手は、接待する側の参加者全員で出迎えるよう心がける
- □接待中にトイレへ行く際には「失礼します」とひと声かけてから行くようにする

接待は仕事のうち。でも仕事の話は少なめに

接待は、ただの飲み会ではありません。重要な取引先や新規の顧客に対し、「今後とも、よろしくお願いします」「どうかお仕事をご一緒させてください」といったごあいさつのために行われるものです。接待の成否いかんによって新しい取引が成立したり、逆に消滅してしまうこともあります。そういう意味で、非常に重要度の高い業務のひとつと言えるでしょう。

ですが、接待の最中に仕事の話ばかりしても、盛り上がりに欠けるところです。接待では仕事の話よりも、趣味や嗜好の話題などを中心に会話を交わすことで、こちらのことを知ってもらい、相手のことを知るように努めるとよいでしょう。

よい関係性が築ければ、必然的に取引や仕事もうまくいくものです。

■会食中の主な役割

1 食事の取り分け　2 飲物がなくなる前に注文　3 タクシーの手配やお土産を渡す準備

※お酌は上司同士、部下同士で行うのが原則。また、座席は先方の上司の前に自分の上司が着席する。

POINT 上司や先輩は、接待相手の好みや、過去に利用したお店などの情報を持っている場合もある。接待でわからないことがあれば、まず上司に相談しよう。

成功する接待の「流れ」を作り出す

接待相手を店に招き、食べて飲んで、会話をし、もてなす。接待の基本は、誰がやってもどんな人が相手でも、たいてい同じ。ところが、その“流れ”の作り方しだいで、接待の成否は大きく変わるもの。成功する接待の「流れ」を見ていきましょう。

STEP 1　接待に遅れないよう、その日の仕事を調整

・接待に遅刻は厳禁。上司や先輩には前もって接待の旨を伝えておく。

STEP 2　会場に電話で確認

・きちんと予約が取れているか、念のため当日にも確認。店側には接待の旨も伝えておくとよい。

STEP 3　会場に前乗りしメニューなどを確認

・接待開始 20～30 分前には到着しておくこと。その上で、メニューやトイレの位置などを確認する。

STEP 4　出迎えの準備

・接待する側全員揃って出迎えるのが望ましい。

第一印象が重要。

STEP 5　着席

・接待相手は、入口から最も遠い「上座」に着席してもらう。

STEP 6　乾杯

・上司が取引先の上司にお酌をしたら、取引先のほかの人へお酌をする。乾杯の音頭は上司が行い、会食がスタート。

STEP 7　会食

・トイレなど席を外す際は必ずひと声かけてから。タバコは厳禁。

STEP 8　接待相手にお酌

・とっくりやビンは必ず両手で持つこと。ビールはラベルが見えるようにする。

STEP 9　会計

・必ず会社名で領収書をもらう。トイレに行くふりをして、お開きの前に支払いを済ます。

STEP 10　見送り

・タクシーは前もって予約しておくこと。

3

接待でのＮＧ

接待は誠意と真心を伝えることに注力！

Check Point !

- 接待当日は、早めに会場へ向かう。遅刻は絶対にしない
- 接待相手には、愚痴や不満を決して口にしないよう心がける
- たとえお酒好きでも、接待の場では飲みすぎない。
  間違っても泥酔はしない

接待＝商談の場ではないことを理解する

接待には、欠かせないマナーがあるのと同様に、絶対にやってはいけない「ＮＧポイント」もあります。

これを知っておかないと、接待が失敗に終わるばかりか、取引に影響し、自分の会社に大きな損害を出すことにもなりかねません。

そういう意味で、接待は重要な仕事のひとつなのですが、注意しなくてはならないのが、「接待は仕事であるものの、商談の場ではない」ということです。

接待では、仕事として取引先や新規の顧客をもてなします。

ここで必要となるのは、自分や自社のアピールだとか、商談成立のためのビジネストークなどではありません。先方に楽しく気持ちのよい時間を過ごしてもらうための「誠意」と「真心」が必要なのです。

商談をまとめようとするあまり、どうしても仕事の話が中心になってしまうと、相手は心から楽しむことができません。

これでは、わざわざ会社を出て、接待の場に足を運んでもらった意味がないというものです。

接待は、あくまでも接待。先方をもてなすことだけに注力するようにしましょう。

接待でやってはいけないこと

接待中に「やってはいけないこと」はさまざま。ここでは、うっかりやってしまいがちだったり、大きな失敗につながる可能性のある代表的な「接待でのNG」をご紹介！

接待中に商談を持ちかけることは、大きなNGポイント

接待NG集 トーク編

1 ついつい愚痴や不満をこぼす。
2 アピール目的で自慢話を多用。
3 打ち解けたのでなれなれしく話す。
4 笑いを取ろうと相手の欠点をいじる。
5 気の合う相手とだけ話す。
6 ライバル会社の悪口。
7 政治や宗教の話をする（先方が話題にした時も無難な対応でやりすごすこと）。

接待NG集 行動編

1 つい酒が進んではめを外す。
2 なじみの店なので大きな顔で振る舞う。
3 相手が飲まないので強引に勧める。
4 よい店があるのでと、二次会に強く誘う。
5 携帯電話をマナーモードにしていない。
6 空腹なので食べまくる。
7 断りを入れずに喫煙をする（原則は喫煙不可）。

CA-STYLE流 +1

接待する側は接客業に従事している心構えで

接待の際に必要なもの、それは接待の「受け手側の気持ち」をくみ取るということに尽きると思います。CAもまた接客業。その経験から学んだことです。

接待中は接客業に従事しているつもりでいるとよいでしょう。お店の従業員は、お客様の前でタバコを吸ったり大酒を飲んだり、自分だけ盛り上がったりしません。接待のNGポイントはさまざまにありますが、「受け手側の気持ち」を考えながら、自分が接客業に従事している心構えでいれば、何がNGなのか想像がつきやすいといえます。

4

会食のマナー

マナーに精通＝できる人に見える！

Check Point !

- □ 和食での箸のマナーのNG事項がわかる
- □ 和･洋･中･立食式、それぞれの会食スタイルに応じた基本マナーを理解
- □ 接待相手の食事マナーが間違っていても、決して指摘はしない

まずは食事マナーの基本を押さえておく

食事の形式によってマナーはさまざまですが、和・洋・中・立食の場合の基本マナーは押さえておきましょう。

会食での席次

1 接待する側が下座、接待される側が上座に座る。
2 原則として、入口から遠い席が上座、近い席が下座となる。
3 原則として、右が上座、左が下座だが、床の間の位置で変わる場合もある。

※上座が不明な場合は、事前にお店の人に確認をすれば確実！

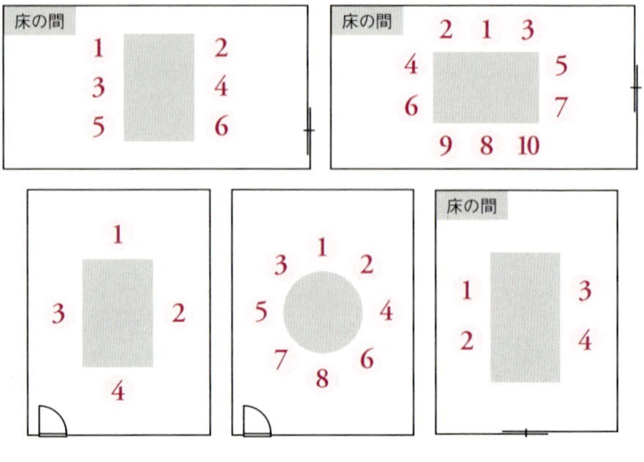

和食のマナー

■和食での手皿はマナー違反

・和食では、器を手に持つのが基本。左手で器を持ち上げて口元に近づける。
・それができないときは、お椀のふたや懐紙を折ったものを左手に持って、受けるようにする。

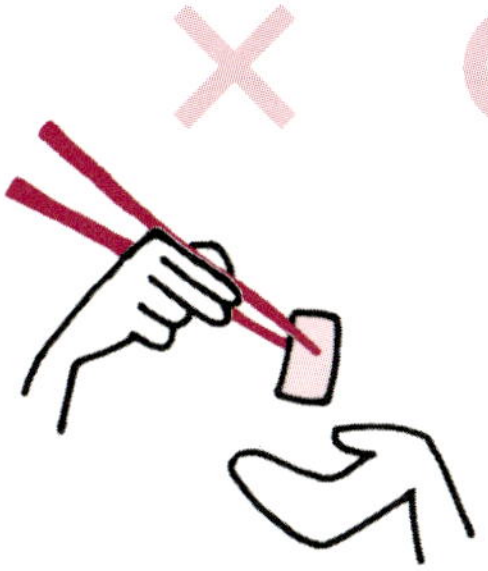

■箸のつかい方NG集

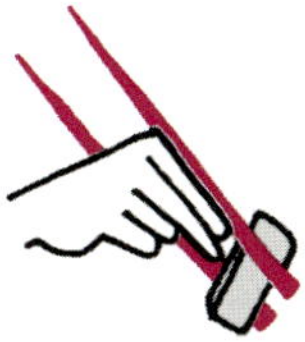

1. 逆さ箸

箸を逆さにして、おかずを取る行為。

2. 涙箸

汁物を食べる時にうつわを持ち上げない行為。

3. ちぎり箸

両手に箸を１本ずつ持って料理を切る行為。

4. 二人箸

ひとつの料理を２人同時に箸で取ること。

5. 渡し箸

茶碗や器の上に箸をのせておく行為。

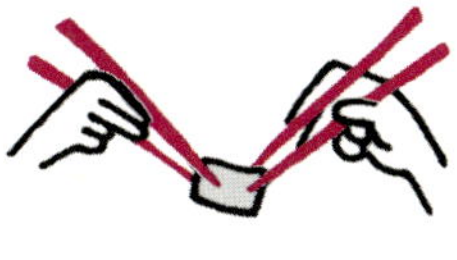

6. 箸渡し

箸同士で料理を受け渡す行為。

CA-STYLE流 +1

マナーがわからない場合は正直に打ち明ける

接待をする場合は、相手の好みのお店を優先するため、各国料理の食事マナーをできるだけ知っておいたほうがよいとはいえ、すべてを習得するのは至難の業です。どうしてもわからない場合は、正直に接待相手に打ち明けましょう。

きっと、その正直で真摯な姿勢に、接待相手は好感を抱くはずです。

洋食のマナー

▪ワインを飲むときの注意点

ワインを注ぐ際は、グラスの３分の１程度でOK。注ぎすぎに注意。

これはNG!

1 ワイングラスで乾杯する時、グラス同士をぶつけるのはマナー違反。
2 ワインをついでもらう時、グラスを持ち上げるのはNG。テーブルに置いた状態で受ける。

乾杯の際は、目線の高さまでグラスを持ち上げ、アイコンタクトをすればよい。

▪カトラリーのつかい方

1. スープスプーン
2. オードブル用フォーク&ナイフ
3. 魚用フォーク&ナイフ
4. 肉用フォーク&ナイフ
5. コーヒースプーン
6. デザートスプーン
7. フルーツナイフ&フォーク
8. シャンパングラス
9. ワイングラス（白）
10. ワイングラス（赤）
11. ゴブレット（水・ジュース）
12. バターナイフ

POINT1 洋食のカトラリーは外側から順番に使用する方法が一般的

・レストランによっては最初にすべてのカトラリーを並べずに、料理の進行に合わせて用意するところもある。
・グラスは赤、白ワイン、シャンパン、お水用と４種類程度用意されているが、ワインを飲まない場合は、先に片づけてもらうことも可能。

▪食べ終わりのサインを間違えない

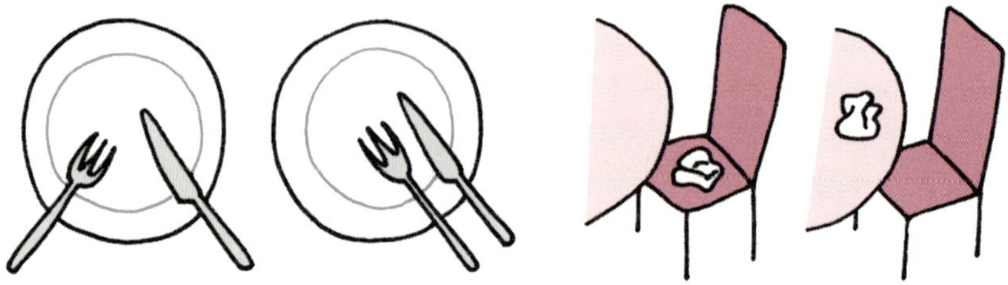

食べかけ　食べ終わり　中座のサイン　退席のサイン

中華のマナー

▪中華料理の注意点

・和食とは異なり、器類を持ち上げて食べるのはＮＧ。
・手で持ち上げてもよいのは、お箸、レンゲ、グラスだけ。

▪大皿料理を取る際のポイント

POINT1 円卓の場合は主賓の方から時計回りで料理を順番に取り分ける。この場合、上座と下座の順番は気にせず、時計回りを優先。

POINT2 全員に料理が行き渡り、主賓が料理に箸をつけてから、料理をいただく。

POINT3 まだ取られていない方がいるのに、自分にお皿が回ってきた際は「お先に失礼します」のひと言をつけ加える。

立食のマナー

▪立食形式での料理の取り方

1 ひと皿に２、３品が目安：くれぐれも取りすぎないように。残すのはＮＧ。
2 それぞれ別のお皿に：温かい物と冷たい料理は一緒のお皿に載せないのがマナー。
3 会話するときは：なるべく、近くのテーブルにお皿を置く。

▪立食パーティーに招かれた場合の注意点

POINT1 コートや傘など、邪魔になりそうなものはクロークに預ける。

POINT2 タイミングを見はからって主催者にあいさつをする（長話はＮＧ）。

POINT3 名刺は多めに用意する。名刺交換をした方へは、すぐにお礼状を送ると印象がよい。

▪立食パーティーの主催者側となった場合

POINT1 パーティーの前に食事を済ませておき、パーティー中は食事をしない。

POINT2 ドリンクは飲まない。特にアルコールはＮＧ。ソフトドリンクを飲む際は人目につかない場所で飲むこと。

POINT3 退屈そうな顔をしている方には積極的に声をかけること。お飲物や食事を勧めるなどの気配りと目配りが大切。

CA-STYLE流 +1 Wide

接待の心構え

相手を喜ばせる“演出力”でワンランク上の接待を段取り

CAは、「空の旅の演出家」でもあります。機内のお客様に、いかに快適に楽しく過ごしていただけるかを考えながら、業務にあたっています。CAの心配りや上質なサービスといった“演出”ひとつで、機内で過ごす時間がお客様にとってよい思い出となるのです。

この“演出”は、接待においても大きな武器となりえるものです。たとえば、接待に利用する飲食店の店長や料理人に、接待中にあいさつへ来てもらうよう前もって段取りをしておきます。これだけでも、接待相手は心からもてなされていると感じられるものです。

接待の段取りをする際には、ちょっとした“演出”にも気を配ってみてください。

しつこい念押しはせずに相手を信じる気持ちを持つ

しつこい念押しはせずに相手を信じる気持ちを持つ

CAがお客様に対してしつこく接することはNGです。たとえば機内の温度が低いと感じ、お休みの際に毛布をかけたほうがよいという思いから、CAが強引に勧めても、お客様にとっては不要かもしれません。「サービス」と「大きなお世話」の見極めは、重要なポイントとなります。

接待においても、しつこく接するのはご法度。「お酒も入っているし、仕事上の約束を忘れてしまうかもしれない」と思うと、つい念押しで何度も確認したくなりますが、接待の席でこれはNGです。「いくら酔っていても、仕事の約束は忘れないはずだ」と、相手を信じる気持ちを持つとよいでしょう。

7

冠婚葬祭の基礎知識とマナー

1 案内状・招待状・訃報への対応

慶事と弔事では対応が異なる

Check Point !

- 招待状の返事は2、3日以内に出す
- 返信用はがきの余白に「ご結婚おめでとうございます」とお祝いの言葉を書く
- 遺族以外から訃報を聞いた場合、遺族に直接電話することは控える

連絡をもらった際のそれぞれの対応

結婚式・披露宴などの慶事と、お通夜・告別式などの弔事とでは、その連絡をいただいた後の対応が異なります。

結婚式・披露宴の招待状への対応

STEP1 返信期限にかかわらず、なるべく早く返事を出す

STEP2 すぐに出欠が決められない場合は、返事ができる日にちを伝える

STEP3 返信期限を過ぎてしまった場合は、電話で一報を入れる

STEP4 出席の返事を出してから取り消す場合は、一刻も早く連絡する

訃報への対応

STEP1 電話を受けたときは、通夜、告別式の日時、場所を確認する

STEP2 喪主の名前、故人との続柄、宗教、葬儀の形式を確認する

STEP3 手伝うことや連絡すべきところはないか確認する

STEP4 近親者やごく親しい友人の訃報ならすぐに駆けつける

STEP5 会社関係者が亡くなった場合は、上司や関係部署に伝える

結婚式・披露宴の招待状　返信はがきの書き方

POINT 1　書き方には3つのルールがある

返信用はがきには大きく分けると下記の３つのルールがある。

RULE 1　不要な文字は二重線で消す
RULE 2　余白にお祝いのメッセージを添える
RULE 3　毛筆、黒いペンで書く

■表面の書き方

・宛名の「行」を「様」に改める。

「行」の字を斜めの二重線で消し、横か下に「様」と書く。ただし宛名が「○○方」の場合は、「○○様方」と「様」の字を書き足す。

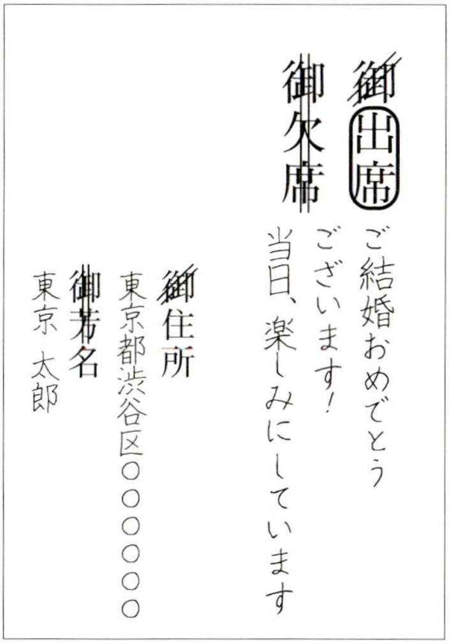

■裏面の書き方

・余白にお祝いの言葉を添える。

・「御」と「御芳」を消す。

「出席・欠席」のどちらかを○で囲み、もう一方を二重線で消す。「御出席(御欠席)の「御」、「御住所」の「御」、「御芳名」の「御芳」も消す。

・裏面の余白に祝福のメッセージを添える

出欠を○で囲んだだけの返事は、相手にそっけない印象を与えかねない。招待の御礼とお祝いの言葉を余白に書くとGOOD。

・欠席理由の書き方にも心を配って

欠席する場合は、その理由とお詫びの言葉を記す。ただし病気や弔事などが理由のときは、正直に書くとお祝い事に水をさすことになるので「やむを得ない事情で出席できません」などあいまいな表現にとどめておくこと。

2

祝電・弔電の送り方

参加できない場合も、気持ちを伝える

Check Point !

- □ 祝電で「別れる」「切れる」「離れる」などの忌み言葉はつかわない
- □ 結婚式の祝電は自宅ではなく式場に送る
- □ 弔電の場合、誰が受取人になるのか確認する
- □ 弔電は葬儀の前日までに届くように依頼する
- □ 弔電でつかう「御尊父様」「御母堂様」など、独得の言い回しに注意

祝電・弔電の送り方

慶事・弔事にあいにく参加できない場合でも、電報を送ってあなたの気持ちを伝えましょう。電報を送る方法で、最も一般的なのが電話での申し込みです。また近年は、24時間いつでも申し込めるインターネットをつかった電報も増えてきています。そのほか、ＦＡＸや郵便局・ＮＴＴの窓口でも申し込みができます。

■電話で電報を申し込む際のおおまかな流れ

STEP1 オペレーターにいま使用している自分の電話番号と自分の氏名を伝える
STEP2 電報の種類（祝電・弔電）を伝える
STEP3 配達日、午前・午後指定の時間を伝える
STEP4 届け先の電話番号、住所、受取人の名前を伝える
STEP5 メッセージを伝える（事前に用意しておくか、文例から選ぶ）
STEP6 差出人の名前を伝える
STEP7 台紙の種類を選ぶ
STEP8 明朝横書きと毛筆縦書きのどちらかを選ぶ

祝電・弔電を打つ際に、まず大切なことは、電報を届けてもらう時間、場所、届け先、受取人などを間違えないことです。祝電のメッセージは新郎・新婦を祝福する自分らしい言葉を届けましょう。弔電は文例を利用してもかまいません。

祝電のマナー　5つのポイント

POINT1 結婚式・披露宴が始まる1時間前には会場に届くように手配をする。

POINT2 宛名は新郎あるいは新婦名（旧姓）で、差出人名はフルネームにする。

POINT3 会場で読み上げられる可能性があるため、両家の家族・親族、上司や先輩などに披露されることも考えて、新郎・新婦に恥をかかせないよう、文面に配慮する。

POINT4 「別れる」「切れる」「離れる」など忌み言葉をつかわない。

POINT5 できるだけ自分の言葉で、心のこもった文面を送る。

弔電のマナー　3つのポイント

POINT1 **弔電の送り先、受取人は——**

・送り先は葬儀が行われる場所、宛名は喪主もしくは「故○○様御遺族様」とする。
・葬儀が行われる場所には「故人、喪主の自宅」「葬儀場」「『○○会館』といった公共施設」などがある。

POINT2 **会社から送る弔電の差出人の名義は——**

・故人が誰なのか、会社とのつきあいや取引状況などによって差出人の名義は異なってくる。事前に上司や総務に確認を。
・「株式会社□□　代表取締役社長○○○○」、「株式会社□□　○○部 部長○○○○」、「株式会社□□　社員一同などがある。

POINT3 **弔電ではつかってはいけないとされる「忌み言葉」がある**

・重ねる、重ねがさね、再三、くれぐれも、また、たびたび、しばしば、返すがえす、九、四など。
・直接的な表現である「死ぬ」「死亡」「生きる」「生存」などは次のように言い換える。
死亡 ▸ ご逝去（ごせいきょ）、ご生存中 ▸ ご生前、生きている頃 ▸ お元気な頃

結婚披露宴
男性の装い

会場やほかの招待客に合わせてコーディネート

Check Point !

- □ 慶弔両用のブラックスーツ、あるいは濃紺かダークグレーのダークスーツを持っている
- □ 慶事用の白、あるいはシルバーグレーのネクタイを持っている
- □ 黒い皮のひも結びの靴を持っている
- □ 「平服で」と言われても普段着では出席しない
- □ 普段は目立ちたがり屋でも、披露宴では花婿より控えめにする

男性招待客のフォーマルウェアのルール

STEP 1 披露宴が開かれる会場と時間をチェック。

STEP 2 格式のあるホテルや会場で開かれるなら、ほかの招待客のことも考慮し、ディレクターズスーツかブラックスーツを着るのが一般的。ディレクターズスーツは昼の準礼装で、ブラックスーツよりフォーマルな披露宴向き。

STEP 3 平服指定の披露宴やパーティならダークスーツを選ぶ。その場合、ビジネススーツのイメージにならないよう注意する。

	昼（午後5時頃まで）	夜（午後5時頃以降）
正礼装 ※格式の高いホテル・式場での披露宴	**タキシード** ※主に媒酌人や新郎新婦の父、親族	**モーニング** ※主に媒酌人や新郎新婦の父、親族
準礼装 ※格式の高いホテル・式場での披露宴から一般的な披露宴まで	**ディレクターズスーツ** **ブラックスーツ**	**ブラックスーツ** ※近年流行りのカラータキシードも可
略礼装 ※カジュアルな会場での披露宴	**ダークスーツ**	**ダークスーツ**

男性の装いの基本はこの3つ

1　昼の準礼装、ディレクターズスーツ

[コーディネートのポイント]

・黒やグレーのジャケットに、グレー地の縦じまのモーニング用パンツを組み合わせる。
・シャツはレギュラーカラーの白、ネクタイはシルバーグレーかシルバーグレーのレジメンタイが似合う。
・ベストを着るときはグレーかオフホワイトを着用する。
・胸ポケットに白かシルバーグレーのポケットチーフをそっと差し込んでおくと粋。

2　昼夜どちらもOKの準礼装ブラックスーツ

[コーディネートのポイント]

・シャツはレギュラーカラーの白が最適。
・ネクタイは白かシルバーグレー、白黒ストライプなどをチョイス。
・ベストを着る場合は、黒かグレー、または白を選ぶ。
・こちらも胸ポケットにさりげなくポケットチーフを。

3　型式にこだわらない略礼装のダークスーツ

[コーディネートのポイント]

・シャツは白が基本だが、若者ならカラーシャツをチョイスしても失礼ではない。
・明るい色のネクタイを選ぶと、普段ビジネスで着ているスーツがドレスアップ。
・ポケットチーフやカフスなどの小物をつかうと洗練度がアップする。
・カジュアルなパーティならノーネクタイでもよいが、その場合はきれいなロールを描く襟のシャツをコーディネートしよう。
・胸のボタンを２つ以上はずすと下品になるので注意。

披露宴の装い これはNG!

・ブラックスーツは慶弔両用なので、喪服のイメージになってはダメ。ネクタイとポケットチーフで華やかさの演出を。
・カジュアルなローファーはフォーマルウェアに不似合い。黒の皮を用いたひも結びタイプを選んで。
・カジュアルな披露宴でダークスーツにノーネクタイで出席した場合、シャツのボタンを２つ以上はずすと下品になるので注意。

結婚披露宴

女性の装い

おしゃれをするのもマナーのうち

Check Point !

- □ 格式のある会場で開かれるのか、カジュアルな会場で開かれるのかで装いを変える
- □ 昼に開かれるなら肌の露出の少ない装い、夕方から行われるなら華やかなドレスを選ぶ
- □ 花嫁の衣装より目立たないよう気をつける
- □ アフタヌーンドレスやカクテルドレスを持っている
- □ フォーマルなワンピースやパンツスーツを持っている

女性招待客　服装のルール

STEP 1 披露宴が開かれる会場と時間をチェックする。

STEP 2 会場と時間に最適な装いを選ぶ。

STEP 3 装いに合ったアクセサリーや小物を選ぶ。

■洋装のルール

	昼（午後5時頃まで）	夜（午後5時頃以降）
正礼装 ※格式の高いホテル・式場での披露宴	アフタヌーンドレス	イブニングドレス
準礼装 ※格式の高いホテル・式場での披露宴から一般的な披露宴まで	セミアフタヌーンドレス ワンピース スーツ	カクテルドレス
略礼装 ※カジュアルな会場での披露宴	セミアフタヌーンドレス ワンピース、スーツ、パンツスーツ	ワンピース、スーツ、パンツスーツ

■和装の場合は――

未婚の女性の第一礼装（正装）……振りそで　**準礼装**……訪問着（既婚者も未婚者もOK）
略礼装……色無地、小紋（既婚者も未婚者もOK）

正礼装、準礼装の装い

アフタヌーン ドレス
昼の披露宴やパーティに着用する正礼装のドレスの呼び名。イブニングドレスやカクテルドレスと比べ、清楚なデザインの礼装で、長そでが基本。

セミアフタヌーン ドレス
正礼装ほど改まった印象のない、応用性の高いフォーマルウェア。パールや金銀のアクセサリーやコサージュを組み合わせるとフォーマル度がアップ。

カクテル ドレス
午後５時以降のパーティに着用する。アフタヌーンドレスより華やかで、ベルベットやレース、ラメ入りやスバングルなど光る素材がよくつかわれる。

アクセサリーや小物づかいのルール

CASE 1 バッグは?
昼はカーフやドレッシーな布製のもの。夜はビーズやスパングル、エナメル、光沢のあるシルクなどの素材のバッグが最適。大きさは小ぶりなものを選んで。ブランドものであっても、普段つかっている大きなバッグは控えて。

CASE 2 靴は?
ヒールは最低でも３センチ以上あるものをチョイス。夜の正礼装、準礼装では光沢のあるサテンなど布製の靴が正式。昼はプレーンな革製のパンプスが主流。ヘビやトカゲなど爬虫類素材は避けるのがベター。

CASE 3 アクセサリーは?
昼はパールや布製のコサージュなど光らないアクセサリーで控えめに。夜は宝石やガラス、ゴールドなど華やかで光る素材のものを組み合わせて。胸元の開いたドレスのように肌の露出度の大きなものは、ボリュームのあるネックレスをつけてアクセントに。

CASE 4 香水は?
香水は料理の香りをそこなうので、披露宴ではにおい立つほどつけないのがマナー。とりわけ濃厚な香りは避けて。

披露宴の装い これはNG!

・白い服装は避ける。「白」は新婦の色。
・ミュールやサンダル、スニーカー、ブーツは履かない。
・昼の装いで肌を大きく露出したものは避ける。ノースリーブはOKだが、披露宴ではストール等で肌を隠すとよい。
・ブラックスーツは会場スタッフやブライダルコーディネーターに見える。本来、黒は慶事には着用しなかったが、近年はハリ感や光沢のある素材のドレスが登場。着用する場合は全身真っ黒にならないよう注意し、アクセサリーや小物で差し色を添え華やかさを演出して。

5

結婚披露宴の流れとマナー

品位と節度を守って お祝いする

Check Point !

- 受付で「本日はおめでとうございます」と述べてから記帳する
- 新郎新婦の両親にもあいさつをする
- 披露宴の最中は、携帯電話はマナーモードにするか電源を切る
- テーブルに着いたら同席の人にあいさつをする
- 退場のとき、席次表や席札は持ち帰る

マナーの基本を押さえてスマートに

披露宴は、新郎新婦の両親へのあいさつや食事などマナーの集大成です。お祝いの席とはいっても、はしゃぎすぎて、ほかの招待客に不快な思いをさせないよう気を配りましょう。

開演までの流れとマナー

会場到着 ・開宴30分前には会場に到着できるようにする。

クロークにて ・大きな手荷物やコートはクロークに預け、貴重品は自分で持っておく。大きなバッグを会場に持ち込むのはタブー。

受付にて ・受付では自分の名前を名乗り、「本日はおめでとうございます」など簡単なお祝いの言葉を述べるのが礼儀。そのあとで記帳を。受付が知り合いであっても、その場で長話をするのはマナー違反。

控室にて ・披露宴まで時間があるときは控室で開宴まで待つ。新郎新婦の両親や親族と顔を合わせたときは、お祝いと招待のお礼を述べよう。

一般的な披露宴の式次第と注意点

迎賓
- 開宴時刻になると係員が案内してくれる。
- 入口で新郎新婦や両親が出迎えてくれるスタイルの場合は、一人ひとりにお祝いの言葉を述べ、会釈しながら入場を。
- 席次表に従って着席（立食パーティー以外の場合）。
- 面識のない人と同じテーブルになったら、自分から自己紹介を。
- ポーチやバッグはイスの背もたれの手前に置く。テーブルの上に置くのはマナー違反。
- ナプキンは乾杯が終わるまでそのままにしておく。

新郎新婦入場
- 「おめでとう」と声をかけてあげよう。

開宴のあいさつ

媒酌人あいさつ

ウェディングケーキ入刀
- 前に出て撮影したいときは「すみません、前を失礼します」と声をかけながら進み、後ろの招待客の視界をさぎらないように注意しながら撮影する。

乾杯
- グラスは目の高さに掲げる。
- 周りの人とグラスをぶつけあうのはタブー。
- お酒が苦手な人は口だけつけて飲むまねを。

食事
- 周りの人と食べるスピードを合わせる。
- グラスは右側に置く。間違えて左側の人のグラスに手を伸ばさない

新郎新婦退場
- お手洗いに行く場合は、このあとの時間が最適。

キャンドルサービス
- ここでも「おめでとう」と声をかけてあげよう。

祝辞・余興
- ほかの人がスピーチしている間は、食事やおしゃべりをいったん止めてスピーチする人の方向に体を向けて聞くのがマナー。

新婦から両親への手紙
- ここも撮影ポイントのひとつ。披露宴のクライマックスなので雰囲気を壊さないよう注意して。

閉宴のあいさつ

ゲスト退場〜見送り
- 席次表や席札、メニューをテーブルに残したまま退場するのはマナー違反。忘れずに持ち帰ろう。
- 出口で新郎新婦、両親にお祝いとお礼を述べる。

披露宴 これはNG!

- たびたび中座する。
- 披露宴の最中、携帯電話で話し込む。
- 飲みすぎたり、新郎新婦に無理やり飲ませたりする。

6

結婚披露宴

お手伝い（受付、祝辞・余興）の心構え

お手伝いは 新郎新婦への祝福の表現

Check Point !

- 受付の担当になったら、招待者の名簿・芳名帳とペンなどを当日までに用意しておく。または新郎新婦に用意を依頼しておく
- 受付の担当になったら、受付が終了するまでお金（御祝儀）のそばを離れない
- スピーチを頼まれたら、事前に話す内容をメモしておく

お手伝いにまつわるマナーも覚えておこう

受付も、スピーチや余興も、新郎新婦に向けた祝福の表現です。お祝いの気持ちを忘れずに、努めてください。とりわけ友人や新郎新婦の会社の同僚、後輩は受付を担う機会が多くあります。経験が少なくても落ち着いて対応しましょう。

スピーチを頼まれたら

POINT 1 マイク前まで速やかに移動

・自分がスピーチするときは、速やかに移動を。もじもじしたり、体を左右に傾けたりするのは見苦しいので慎むこと。

POINT 2 スピーチの時間は――

・同僚や友人なら 2～3 分がひとつの目安。数人のグループでスピーチをする場合でも5分以内を目安に。

こんな話題のスピーチは嫌われる

1 異性関係の暴露
2 自社の宣伝
3 内輪話
4 自慢話
5 特定の宗教や政党の話題

受付係のしかた

■受付の心構え

POINT 1 当日は開宴1時間前には会場に到着する。

POINT 2 新郎新婦側の人間であることを自覚する。

POINT 3 御祝儀と芳名帳をしっかり管理する。

STEP 1 招待客へあいさつをする

・招待客が受付にやってきたら、一礼する。お祝いの言葉を受けてからお礼を述べる。

〈応対例〉「本日はお忙しいなか、ご出席くださり、ありがとうございます」

STEP 2 芳名帳に記帳してもらう

・指を揃え、手の平を上に向けて芳名帳を指差しながら記帳をお願いする。

〈応対例〉「恐れ入りますが、こちらにお名前のご記入をお願いします」

STEP 3 御祝儀を受け取る

・御祝儀を差し出されたら、お礼を述べてから両手で直接受け取り、受け盆に入れる。

・席次表またはテーブル札を渡して、開宴時間まで控室で待ってもらうよう伝える。

・御祝儀と芳名帳は披露宴が始まるまで、きちんと管理しよう。

余興のマナー

POINT 1 列席者全員が楽しめるものを考えよう

・特別な芸でなくても新郎新婦を祝福する気持ちがこもっていれば、好感を持って迎えられる。

POINT 2 ひとりだけで盛り上がってしまうと会場が白けてしまうので注意して

POINT 3 スピーチ同様、3分程度で終わらせる

POINT 4 仮装やメイクが必要な場合は、事前に司会者に伝えておく

POINT 5 事前の準備と練習はきっちりとしておく

こんな余興はNG

1 下品、卑猥な内容のもの
2 友人同士で騒ぎすぎる
3 新郎新婦のプライドを傷つけるもの
4 内輪でしかわからないもの
5 だらだらと時間をかけるもの

7

弔事の装い

黒無地の装いで地味に控えめに

Check Point !

- 男性はブラックスーツと黒いネクタイを持っている
- 女性は黒無地のスーツ、濃紺や濃いグレーなど地味な色のアンサンブルを持っている
- 弔事ではゴールドの時計や爬虫類素材のバッグはつかわないようにしいる

男女とも準礼装か略礼装で参列する

一般会葬者として葬儀・告別式に参列する人の装いは、目立つ必要はありません。控えめに地味に品よくするのがマナーです。

葬儀・告別式　男性参列者の装い

準礼装
ブラックスーツ（慶弔兼用のシングルまたはダブル）

略礼装
ダークスーツ（濃紺か濃いグレーの無地）
・ブラックスーツが最も一般的
・一般会葬者ははダークスーツでも可

靴・ネクタイ・靴下
黒を選ぶ

シャツ
レギュラーカラーの白

小物類
光沢や飾りのない黒一色のもの

※慶弔両方につかえるブラックスーツは1着あると重宝する。
※会社から通夜に駆けつける場合は、ブラックスーツでなくてもかまわない。ダークスーツに白いワイシャツを着て地味なネクタイであればOK。

葬儀・告別式 女性参列者の装い

準礼装
黒のワンピース、アンサンブル、スーツ

略礼装
濃紺や濃いグレーなど地味な色無地のワンピース、アンサンブル、スーツなど
- 上着は夏でも長袖（肌の露出は控える）
- スカートは膝が隠れる丈で
- メイクは控えめに。

ストッキング 黒

靴
3㎝以上のヒールがあるもの。黒革のプレーンなパンプスが正式

小物類
- バッグはシンプルなデザインで光沢のない手さげバッグかセカンドバッグを。
- 色物のハンカチは目立つので、白無地やフォーマル用の黒を。

アクセサリーは
アクセサリーはつけないか、真珠やオニキスなどの一連のネックレス、一粒タイプのイヤリングなど1つだけにする。

※女性のパンツスーツは、以前はフォーマルには向かないとされていたが、カジュアルな素材やデザインを避けたシンプルなスーツであれば問題なし。

弔事 これはNG!

男性
- 派手な色柄のシャツ、柄物のネクタイはNG。

女性
- 爬虫類素材のバッグやシューズはNG。冬でもブーツは履かないように。
- 式場で香水の香りを漂わせるのもNG。

CA-STYLE流 +1

出先から駆けつけるときは

CAは「移動先からまた移動」という生活もしているため、出先から葬儀や告別式に駆けつけるということが稀にあります。こういう忙しい方にお勧めしたいのが、主要都市にあるレンタル衣装店。黒無地のスーツさえ借りられたら、小物は現地調達します。滅多にないことですが、予備知識として心に留めておいてください。

8

葬儀・告別式の流れ

受付から閉式まで
進行に沿ってお別れを

Check Point !

- 葬儀・告別式には開式の10分前には会場に到着するようにする
- 仏式の場合は数珠を持参して参列している
- 焼香は血縁の濃い順番に行われることを知っている

仏式のおおむねの進行は把握しておく

仏式の葬儀式と告別式は、本来まったく別の意味をもつ儀式でした。しかし、昨今では時間的な問題や斎場の都合などにより、葬儀と告別式を一度にすませてしまうスタイル（一般に「葬式」と呼ばれている。右図の形式）が増えています。

葬儀・告別式に参列する人は、時間に余裕を持って会場に到着し、受付をすませます。僧侶が入場する前に席に着くようにし、途中からの参列は控えるようにしてください。参列者の人数によっては、早く焼香の順番が回ってくる場合もあります。

CA-STYLE流 +1

遺族や友人と目があったら目礼

葬儀・告別式の式場で偶然友人に会ったとしても、私語は慎みましょう。

また、焼香の前後に遺族と目が合ったときも目礼ですませましょう。CA はこのアイコンタクトや目礼をとても重視しています。ときには言葉にするより多くのことを語ってくれます。

葬儀・告別式に参列する

STEP 1 着席

・式場では案内に従って席に着くか、自分の立場を鑑みて後列の席に着く。
・このとき、喪主や遺族のもとへ歩み、お悔みを述べることは控える。

STEP 2 僧侶入場、進行役あいさつ

・僧侶が着座した後、進行役が「ただいまより故○○○○様の葬儀を執り行います」と開式の辞を述べ、葬儀が始まる。
・葬儀式から参列する場合は、この時間までに着席していること。

STEP 3 読経

・読経は宗派の違いや葬儀の規模により異なるが、およそ30〜40分ほどかかる。
・遅刻してくると、この読経の最中に参列者の前を横切って着席することになるので注意。

STEP 4 弔辞・弔電

・弔辞は親しい友人や深いつきあいのある会社関係者などが担う。
・その後の弔電は、通常2〜3通を進行役が代読し、残りは名前のみ読み上げる。

STEP 5 焼香

・告別式での一般参列者の焼香の順番は、おおむね会社関係の人や親しい友人などから始まる（焼香の作法は次節を参照）。

葬儀・告別式 これはNG!

・読経の最中にトイレへ向かうのはマナー違反。葬儀・告別式は1時間以上かかるので、事前にすませておくこと。

■葬儀式・告別式が分かれている場合の大まかな流れ

葬儀式

STEP1 受付
STEP2 遺族・近親者着席
STEP3 僧侶入場・開式の辞（あいさつ）
STEP4 読経
STEP5 弔辞・弔電紹介
STEP6 読経および遺族・近親者の焼香
STEP7 僧侶退場・閉式

〜休憩〜（葬儀と告別式を分けて行う場合は、いったん僧侶が退場）

告別式

STEP8 僧侶入場
STEP9 開式の辞（あいさつ）
STEP10 読経および一般会葬者の焼香
STEP11 僧侶退場・閉式の辞
STEP12 出棺の見送り

9

葬儀・告別式での作法

霊前での焼香は心を込めて

Check Point !

- □ 受付に着いたら香典を出す前にあいさつをする
- □ 通夜で香典を持参していても、告別式の記帳は行う
- □ 自分用の数珠を持っている
- □ 焼香台の前で一礼してから焼香する
- □ 焼香後は合掌し、僧侶と遺族に一礼して席に戻る

受付でのマナー

STEP 1 式場へ到着

・冬の葬儀、告別式の場合、コートやショールなどは受付の前に脱ぎ、大きな荷物があれば一緒に預ける。式場に荷物を持ち込むのはマナー違反。

STEP 2 受付する

・「このたびはご愁傷さまでございます」など簡単なお悔みの言葉を述べる。
・香典をふくさから取り出し、ふくさを軽くたたんで手前に置き、「ご霊前にお供えください」と香典を差し出す。
※通夜で香典を持参している場合は、「お供えはすませました」と伝える。

STEP 3 記帳する

・会葬者名簿に記帳する。通夜で参列している場合も記帳を。

STEP 4 式場へ向かう

・記帳をすませたら「おまいりさせていただきます」と一礼し、式場に向かう。

CASE 上司の代理で参列する場合の記帳は、上司の名前を書き、その左下に「代」と書き添える。

焼香の作法

仏式の焼香には、立ったまま行う「立式の焼香」、座って行う「座礼の焼香」、香と炉を盆にのせて回す「回し香」の 3 つがある。現在は立式が主流で、抹香を用いるのが一般的。

CASE 1 立礼(抹香)の場合

STEP1 焼香台へ進む
・数珠を左手に持って、順番が来たら焼香台へ向かう。
・まず、手前の僧侶と遺族に一礼する
・焼香の際に前の人との間隔が開きすぎないよう注意。
・携帯電話の電源は、式が始まる前にオフに。

STEP2 焼香台の前で一礼する
・焼香台の 2〜3 歩手前まで進み、遺影を見つめて一礼。
・次に焼香台の前まで進んで合掌する。

STEP3 抹香をささげる
・合掌から右手（左手）を外して 3 本指で抹香をつまみ、目のあたりまでささげる。

STEP4 抹香をくべる
・抹香を香炉の中へ静かに心をこめて落とす。
・回数は 1〜3 回（宗派と参列者の数によって異なる）。
・進行係から「ご焼香は 1 回でお願いします」という指示があった場合は、2 回、3 回と焼香しない。

STEP5 最後に合掌する
・再び合掌し、向きを変えずに 1、2 歩下がり、深く一礼。
・続いて僧侶と遺族に一礼して、席へ戻る。

CASE 2 座礼(線香)の場合

STEP1
・祭壇の手前で座り、僧侶と遺族に一礼。
・焼香台少し手前まで膝をついたまま進む。
・遺影に一礼した後、祭壇まで進み合掌。

STEP2
・右手で線香を1本取り、ロウソクの炎で火をつける。
・火のついた線香を左手に持ちかえ、右手で扇いで火を消す。

STEP3
・線香を右手に持ち替え、香炉に立てる（浄土真宗では線香を立てずに寝かせる）。

STEP4
・遺影に向かって再び合掌し、一歩下がって深く一礼。
・膝をついたまま下がる。
・僧侶と遺族に一礼し、席に戻る。

10

弔事

お手伝い（道案内、受付など）の心構え

会社から指示があれば、快く引き受ける

Check Point !

- □ 葬儀の受付にはいつもの「笑顔」は必要ないと心得る
- □ お手伝いをさぼると喪家と会社の両方に迷惑をかける
- □ 葬儀のお手伝いの最中に携帯電話のチェックはしない

葬儀には各所を担当する人手が必要

大きな葬儀の場合、遺族の親戚や葬儀会社スタッフがすべてを取り仕切るのは無理があります。そこで社員の家族や取引先の担当者の葬儀のような、会社と深い関わりがある葬儀の場合、社員がお手伝いに参加し、葬儀の運営を助けます。

ここでも大切なことは、故人の死を悼み冥福を祈る気持ちです。常識を逸脱した格好や態度では、その大切な気持ちまで疑われかねません。

故人・遺族・弔問者への気づかいを忘れないようにしましょう。

CA-STYLE流 +1

おもてなしの心で

葬儀のお手伝いをするということは、会葬者側ではなく喪家側に立つということです。弔問客や会葬者は忙しい中、わざわざ来てくださる人たちです。何ひとつ不快な思いをさせないのが喪家側の使命です。

そして重要なポイントが「おもてなしの心」です。ゲストをもてなす気持ちを忘れないようにしましょう。これがCA-STYLEの真骨頂です。

さまざまなお手伝いの仕事と注意点

CASE 1 関係者への連絡係

[仕事内容]　・通夜、葬儀／告別式の場所、時間、喪主の名前、駐車場の有無などを関係者に電話やメール、FAX などで知らせる。
・相手から要望があれば斎場やお寺の地図を送る。

[必要なもの]・通夜、葬儀・告別式の場所、時間、喪主の名前、駐車場の有無などを関係者に電話やメール、FAXなどで知らせる。
・相手から要望があれば斎場やお寺の地図を送る。

笑顔はタブー。「式場に笑顔のスタッフがいた。不快だ」といった弔問客や遺族からの強硬なクレームが届くことがしばしばある。

CASE 2 受付係

[仕事内容]・弔問客や会葬者の香典を預かり、記帳を依頼する。
[準備するもの]・会葬者名簿帳、ペン、お盆、名刺受け（式場や葬儀会社が用意する場合もある）。

CASE 3 クローク係

[仕事内容]・受付でコートや荷物を預かり、保管する。帰りには間違えないよう返却する。
[準備するもの]・荷物札・番号札（式場や葬儀会社が用意する場合もある）。

CASE 4 会計係

[仕事内容]・香典やお手伝いの食事代など経費を計算したり、領収書を保管したりする。
[準備するもの]・出納帳、電卓、領収書のファイル、手さげ金庫、ペン、ノートなど

CASE 5 進行係

[仕事内容]・開式や閉式のあいさつを行う。
[準備するもの]・弔辞を読む人の名前を遺族から聞き、フルネームで控えておく。
・また、弔電を読み上げるとき、読めない漢字があれば事前に読み方を調べておく。

CASE 6 供物供花係

[仕事内容]・式場に届いた供物や供花を業者から受け取り、祭壇に並べる。
・受け取りの伝票は最後にまとめて会計係か世話役代表に渡す。

CASE 7 台所係

[仕事内容]・自宅やお寺などで行われる通夜や葬儀では、遺族や世話人用の食事を作ったり、配膳したりする。
[準備するもの]・白いエプロン

CASE 8 道案内係

[仕事内容]・最寄駅から式場までの要所に立ち、葬儀の案内版（プラカード）を掲げる。
[準備するもの]・プラカード、提灯

CASE 9 駐車場係

[仕事内容]・斎場の駐車場で車を誘導する
[準備するもの]・通夜の場合は誘導灯、整理券、案内表示

CASE 10 返礼品係

[仕事内容]・返礼品の管理と弔問客への配付
[準備するもの]・返礼品

駐車場担当者は、駐車場でタバコを吸ったり、携帯をチェックしたりしないこと。

11

ご祝儀・香典の相場とふくさの包み方

ご祝儀・香典にまつわる大切なこと

Check Point !

- □ ご祝儀は職場の同僚や上司にもきちんと贈るようにする
- □ 披露宴に出席する場合と出席しない場合とでは、ご祝儀の額が異なる
- □ 香典の金額は、故人との関係や自分の年齢によって異なる
- □ ふくさは慶事は右前、弔事は左前に包む
- □ 自分用のふくさを準備しておく

ご祝儀・香典の相場を覚えておく

披露宴のご祝儀、葬儀・告別式の香典。ともに経験のない若い方は見当がつかないもの。20歳代前半の場合、披露宴のご祝儀の目安は3万円（出席しない場合は1万円が目安）、香典は1万円が目安です（いずれも関東地方の一般的な相場）。

ご祝儀、こんなときはどうする？

CASE 1 夫婦で出席する場合

基本的に2人分を包む。たとえば25,000円×2=50,000円。

CASE 2 子ども連れの場合

若いママのために子ども用の食事を出してもらう場合は、大人の3分の2くらいの額をプラスして。

CASE 3 会費制の場合

ご祝儀を包む必要はない。

CASE 4 遠方から出席し、交通費や宿泊代がかかっている場合

交通費・宿泊費がかかったからといってご祝儀の額を下げるのはマナーに反する。

ふくさの包み方

POINT **ご祝儀と香典では包み方が違う**

慶事では仕上がりを右前に、弔事では左前になるように包むのが約束事。

■ご祝儀の包み方

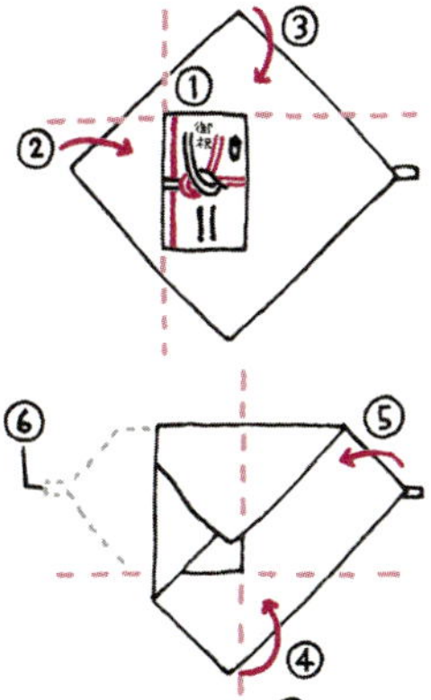

1 つめが右にくるようにふくさを広げ、表向きに祝儀袋を置く。
2 左側の角をとって、中央に折る。
3 上の角をとって、その上にかぶせる。
4 下の角をとり、折ってかぶせる。
5 右側の角を折って、かぶせるように包む。
6 つめがついているものは、かけて止める。

■香典の包み方

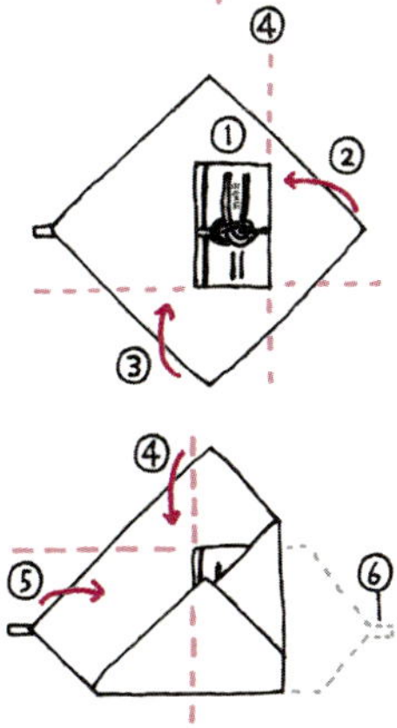

1 つめを左側にしてふくさを広げ、表向きに香典袋を置く。
2 右の角をとって中央に折る。
3 下側の角をとって中央に折る。
4 上の角をとってかぶせる。
5 左側の角を折って、かぶせるように包む。
6 つめがついているものはかけて止める。

※香典の表書きの名称
・神式の場合▶玉串料、御料　・仏式の場合▶御霊前、御仏前
・キリスト教式の場合▶お花料

CA-STYLE流 +1

ふくさがないときは

CAは機転を利かせるのが得意です。たとえば、ふくさをどこにしまったのか見当たらず、家を出る時間が迫っているときは、小さいサイズの風呂敷を代用します。色や柄を地味なものにすれば、まったく問題ありません。私は茶道を習っていたので、普段からお届物には風呂敷をつかっています。日頃からつかう習慣ができていれば、とっさの時も慌てることなく対応できるようになるものです。

12

贈答品・お見舞い品のマナー

先方に喜ばれる品を最適な時期に贈る

Check Point !

- 恩師と上司には、ずっとお中元・お歳暮を贈っている
- 12月20日頃までに贈る贈答品の表書きで「お歳暮」と「お年賀」のどちらが正しいか、わかる
- お見舞い品は病気やケガによって制限があるかもしれないので、食べ物は贈らないようにしている

予算内で最適なものを吟味して選ぶ

お中元・お歳暮の品の金額平均は、20歳代の贈り主の場合、4,300円台です。おおよそ、3,000円から5,000円の品であればよいでしょう。だからといって、2,500円の品では非礼にあたるというわけではありません。相手が喜んでくれるものであれば金額をあまり気にする必要はないでしょう。

■贈答品　贈る時期と表書き

贈る時期	表書き
7月上旬～7月15日	御中元
7月16日～立秋（8月6日ごろ）	書中御見舞、書中御伺
立秋を過ぎたら	残暑御見舞、残暑御伺
12月初旬～12月20日ごろ時期	御歳暮
元旦～1月7日（松の内）	御年賀
松の内を過ぎたら	寒中御見舞、寒中御伺

お中元・お歳暮はこんな人に贈る

親戚、仲人、恩師、上司、取引先など日ごろお世話になっていてお礼をしたい人、感謝の気持ちを届けたい人、義理のある人など。

贈答品 これはNG!

・会社宛ての贈答品を黙ってもらってしまったら、それは着服に。取引先から品物をいただいたら、上司に相談すること。

お見舞いのマナー

相手が病気やケガなど大変なときに「早くよくなってくださいね」という気持ちを持ってするのがお見舞い。その際に渡すお見舞い品は、相手に配慮したものを選ぼう。

■お見舞い品 おすすめアイテム

CASE1 商品券・ギフト券(現金も可)
病状によっては食べられないものがあったり、体調が回復しておらず、食欲がなかったりする場合もある。そんな時、食べ物ではなく、好きな商品を購入できる商品券・ギフト券は喜ばれる。

CASE2 フラワーアレジメント
そのまま飾ることができ、手間がかからず、心が晴れやかになるので、女性に喜ばれるお見舞い品。

CASE3 本、写真集
退屈な時間を埋めてくれるものは喜ばれる。本人の趣味を事前にさぐっておこう。

CASE4 実用品
親しい人には、パジャマやバスタオルなど実用品を贈るとよい。

■お見舞い金の目安

おつきあいの程度により大きく異なり、だいたい3,000円〜10,000円。

■お見舞いのルール

POINT1 事前に容態を確認してから出向く
病状が重い場合や体調がすぐれないときにお見舞いに出向くと、かえって迷惑になりかねない。相手の様子を事前に本人か家族に聞いてから出かけよう。

POINT2 病院で大騒ぎしない
大声で話しかけたり、はしゃいだりするのは厳禁。同室の方にも配慮を。女性は化粧や香水は控えめに。

POINT3 病状をしつこく聞かない
心配する気持ちや好奇心から相手の病状をしつこく聞くと、相手を傷つけることになりかねない。本人が早く改善するよう激励するような会話を。

POINT4 面談は20〜30分で切り上げる
相手の体調がよさそうなときでも、長時間の面談は慎み、20〜30分で切り上げるようにしよう。

お見舞い品のタブー

- 4、9、13本の切り花 ▶ 不吉な数字という言い伝えから
- 鉢植え ▶「根つく」が「寝つく」に通じるから
- シクラメン ▶「死」「苦」を連想させるから
- 菊 ▶ 葬儀を連想させるから
- 真紅のバラ ▶ 血を連想させるから

CA-STYLE流 +1

Wide

儀礼を超えた思いやりの形

よく相手の立場に立ちましょう、と言われます。しかし、相手の立場に立つということほど難しいことはないと思うのです。当事者でもないのに、その方と同じ気持ちになることは不可能です。

しかし、その方の気持ちに寄り添うことぐらいはできるのではないでしょうか。

私は相手の気持ちに寄り添うひとつの方法としてお手紙やポストカードを書くことを続けています。

結婚して幸せいっぱいの友人に、そしてご親族を亡くしたばかりで悲しみに暮れている後輩に、初孫の誕生に大喜びされている元上司など、儀礼的なやり取りの後に必ずお手紙を出すようにしています。

現役ＣＡ時代に、フライト先の空港やホテルの売店で素敵なポストカードに目が留まり、買い集めるようになりました。両親や友人に書いてみたり、自分宛にも出していました。疲れている時には、お気に入りのハガキに名前と場所だけを書いて投函。

自分で出して、数週間後に自分で受け取るわけですが、まるで過去の自分が、今の自分を応援してくれているような不思議な気持ちになりました。

お手紙やポストカードをお出しすることは文字で気持ちを伝えるだけでなく、その人を温かい目で見守る書き手の体温を伝えることだと捉えています。

冠婚葬祭のシーンにおける儀礼的なやり取りは、昔からの習慣であるとともに、相手を大切に思っている気持ちを形にする貴重な機会でもあります。

形式だけではなく、相手の状況や気持ちに寄り添うにはどうすればいいかをその都度考えたいものです。

ビジネスマナーの教科書
執筆者プロフィール

総括および
Chapter 1,7
担当

美月あきこ Mizuki Akiko

CA-STYLE 主宰。人財育成コンサルタント。
大学卒業後16年間、日系・外資系双方の国際線キャビンアテンダントを経験。107万人にものぼるファーストクラス VIP・乗客への接客からプライベートの合コンまで、初対面の出会いの日々を繰り返す。多くの出会いの中、接し方ひとつで未来を創れる人、キャッシュを生み出す人、そうでない人の違いに気づく。2001年９月11日、米国同時多発テロに現地で遭遇したことをきっかけに起業。2006年法人化。会社運営の傍ら年間180回以上の研修や講演、執筆と活躍。
著書に『ファーストクラスに乗る人のシンプルな習慣』（祥伝社）、『“初対面の女王が明かす”たった１分でうちとけ、30分以上会話がつづく話し方』（ダイヤモンド社）などがあり、中国、韓国で翻訳語版も出版。
Facebook ページ　http://www.facebook.com/Akiko.Mizuki

川崎理恵 Kawasaki Rie

マナー接遇・コミュニケーションアドバイザー。
日本航空の客室乗務員として12年間乗務。高い接客能力を認められ社内表彰「2006年お客さまサービス部門 DreamSkyward 賞」受賞。退職後、大手都市銀行プライベートバンクで VIP 顧客担当スタッフとなり、のちに行員の接客マナー指導にあたる。その後、サービス業の接客調査と教育資料作成に参加。新入社員研修・就職対策講座・子ども向けマナー講座などを開催。「必要なのはスキルではなく感じのよさ。好感度をUPさせることで、家庭に・職場に・社会に笑顔が連鎖する」と語り、多くの受講生の好感度スイッチをONにしてきた。
ブログ「七ころび、八とび」 http://ameblo.jp/r20090101/

Chapter 1,3
担当

Chapter 1,5,6
担当

中村文彦 Nakamura Fumihiko

株式会社マリシスターズ代表。
元ニュージーランド航空の国際線客室乗務員（７年間）。また、旅行会社の添乗員、高級イタリアレストランのホールスタッフなど、豊富な対面接客経験を持ち、後輩への接遇指導にもあたる。現在はセミナーやプライベートレッスンを通じて高倍率のエアライン就職試験に合格するための“印象度アップ法”を指導。また、就職希望の学生に向けた“好感度をアップする面接マナー”を教育機関向けに行っている。
フェイスブックページ：http://www.facebook.com/marisisters
公式ブログ：http://ameblo.jp/caconsultant/
ホームページ：http://caconsultant.jp/

Chapter 2
担当

穴田さゆり Anada Sayuri

セルフプロモーション・コンサルタント。40才からの女性の生き方研究所所長、一般社団法人 i-EDA 理事。
元 ANA CA。現在はマナー講師として大手上場企業などで研修を担当。「教えない」研修にも関わらず満足度100%を連続達成中。また同時に、CA・経営者としての経験を通じて、自ら学び、実践してきたノウハウすべてを投入し開発したオリジナルセミナー「セルフプロモーション・プログラム」も実施。経営者、女性起業家から満足度100%を毎回獲得するなど、プレゼンテーション・ビジネスブランディング・イメージコンサルティングなど「自分を売るチカラ」を向上させるスキルとノウハウを提供することで、クライアントの収入アップ、人生の質の向上に貢献し、好評を得ている。
HP　http://www.unisofia.jp/

毛利仁美 Mouri Hitomi

フラワー教室「PREAGE（プリアージュ）」主宰。フラワーデザイナー。
1976年世田谷生まれ。大学卒業後、日本航空の国際線キャビンアテンダント（CA）として13年間乗務。その内２年間はインストラクターとして新人の指導を行う。秘書検定１級取得。退職後、パリへお花留学し、フラワー教室「PREAGE」を主宰。女性誌『CREA』『CLASSY.』に教室が紹介される。大学２年生からフルマラソンを初め、ホノルルマラソンは13回完走している。
PREAGE ホームページ　http://www.preage11.com
女子力アップブログ　http://ameblo.jp/ejyu/

Chapter 1,4
担当

CA-STYLE
紹介

キャビンアテンダント経験者約5,600名を母集団に持つ。航空機内におけるトップサービスの第一線で磨かれた感覚を持つキャビンアテンダント経験者ネットワークの商品化に成功。企業のＣＳ（顧客満足）調査、マーケティング調査など顧客の期待と知覚品質データ、６つの次元と収束性から顧客満足度を数値化し、感性豊かなキャビンアテンダント経験者のポテンシャルを付加するオリジナルサービスを企業向けサービスとする。現場プレーヤーから講師、コンサルタントへと昇華する中での、キャリアの２次使用化を実現。
http://www.ca-research.jp/
http://www.ca-style.jp/